INTRODUÇÃO

A população mundial em 1999 ultrapassou a barreira dos seis bilhões, duplicando em menos de 40 anos, isso implica em um ritmo anual de 1,2% ao ano. Conseqüentemente a cada ano, 77 milhões de pessoas necessitam de alimentos para sobreviverem. Segundo estimativas da Organização das Nações Unidas – ONU, a população global atingirá uma marca entre 7,9 bilhões e 10,9 bilhões por volta de 2050. Dos 6,4 bilhões de habitantes, um quinto é representado por indivíduos que vivem em regiões desenvolvidas, como a Europa e a América do Norte (WACKERNAGEL, 1996).

O cenário mundial não é nada animador, conforme salienta Neira (1997) "[...] as sociedades convergem ao caos a cada ano que passa". Oliveira (2002) salienta que as sociedades são refletidas na aparência da cidade. Essa é fruto de um processo que, incessantemente altera o conteúdo urbano e as formas por eles assumidas. "Em função desse processo, cada cidade representa uma determinada ambiência que anima o pesco e uma terminada síntese de valores" (MARTINS JUNIOR, 1996).

Nesse contexto, a cidade de Manaus, apesar de estar localizada em um dos maiores biomas do mundo, vem refletindo, assim como na sociedade humana mundial, um crescimento acelerado a partir da criação da Zona Franca. Segundo Oliveira e Guidotti (2000) "o surgimento da Zona Franca de Manaus é decorrente da visão geopolítica dos governos militares de "proteção das fronteiras" e de "adensamento populacional do grande vazio amazônico".

Tal adensamento na cidade de Manaus reflete a necessidade de planejamento do perímetro urbano para suportar a migração e o êxodo rural. Em sua maioria, as pessoas que moram nas zonas de expansão da cidade vieram do interior e de outros Estados. Muitos não encontraram lugar para morar na área urbana e acabaram dirigindo seus esforços em direção aos subúrbios causando a destruição dos recursos naturais adjacentes (RIBEIRO,1998).

Um exemplo marcante verifica-se na invasão da "Grande Vitória" localizada na cidade de Manaus. No início, os invasores derrubaram quase toda a vegetação para a construção de suas moradias. Essa população até o ano de 2000 era de 40.000 habitantes, oriundos em sua maioria do Estado do Pará, Ceará e Maranhão (www.ibge.gov.br, 2002). Conseqüentemente, os problemas socioambientais podem ser agravantes (BATISTA, 2001).

Diante do exposto, o resultado dessa pesquisa é apresentado de forma a dar maior clareza ao leitor, com base no referencial teórico, exposto em capítulos bem como o trabalho de campo assim descrito:

No Capítulo I são abordados os aspectos voltados para a alteração causada pelo homem e as características desse espaço e a gestão do território e a insustentabilidade ocasionada pela ocupação desordenada do espaço.

No Capítulo II são abordados as temáticas ocupacionais locais e notícias de cunho jornalísticas, tendo em vista que a temática ainda está em desenvolvimento no meio científico, pois as primeiras informações acerca das invasões quando ocorrem são noticiadas quase que primariamente nos diários de cunho popular e somente depois, muitas das vezes, serve de informação para o poder público.

Finalmente no Capítulo III são apresentados os resultados de um estudo de caso realizado invasão "Grande Vitória". Cabe aqui salientar que enquanto desenvolvia-se esse trabalho "Grande Vitória" recebeu um conjunto de obras que resultou na sucessão espacial de invasão para um bairro.

- **OBJETIVOS**

- ***Geral***

Investigar a ocupação humana e as conseqüências sociais, tendo como base os aspectos que compõe o índice de desenvolvimento humano (IDH)[1] *no bairro Grande Vitória em Manaus, AM.*

[1] In Programa das Nações Unidas para o Desenvolvimento. (PNUD, 1996)

- **Específicos**
  - Analisar os aspectos que compõe o IDH tais como a, educação, segurança, saúde, renda, transporte, moradia, alimentação e suas conseqüências para o meio ambiente no bairro Grande Vitória;
  - Avaliar o papel da mulher na vida política e econômica no bairro Grande Vitória;
  - Avaliar o papel da ocupação para fins de especulação imobiliária.

❖ **PROCEDIMENTOS METODOLÓGICOS**

Descrição da área de estudo

Este estudo de caso foi desenvolvido no Estado do Amazonas (Figura 1 A) localizado na região Norte do Brasil, precisamente na cidade de Manaus (Figura 1B), com uma população de 1.403.796. Situada na microrregião nº 10, denominada Médio Amazonas, na margem esquerda do Rio Negro, a cerca de 20 Km de seu encontro com o Rio Solimões, que deste ponto em diante passa a ser conhecido como Rio Amazonas. Manaus está a 3º8' de latitude S e 60º1'de longitude W. Greenwich. Altitude média: 21m. O clima é tropical, com médias anuais de 26/27º C e chuvas abundantes (2.500 mm). Através do Decreto nº 2924 de 07 de agosto de 1995, o Prefeito Municipal de Manaus, instituiu a divisão geográfica da cidade, compreendendo seis zonas: Zona Sul, Centro-Sul, Oeste, Centro-Oeste e Norte (Figura 1C).

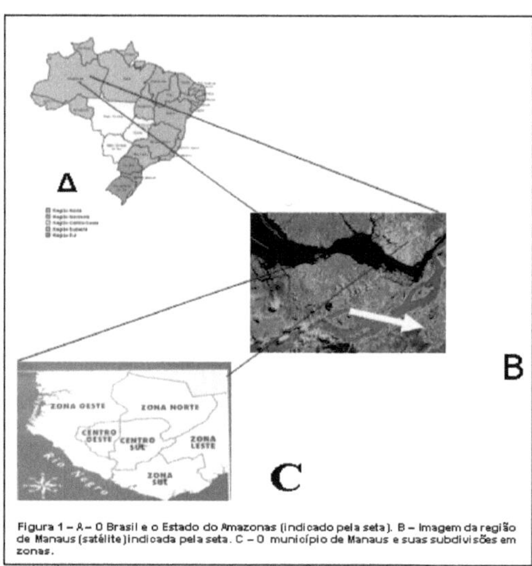

Figura 1 – A – O Brasil e o Estado do Amazonas (indicado pela seta). B – Imagem da região de Manaus (satélite) indicada pela seta. C – O município de Manaus e suas subdivisões em zonas.

- **Bairro Grande Vitória**

O bairro Grande Vitória foi escolhido por ter características pré-estabelecidas como: idade, densidade populacional e a localização (próxima de fragmento e/ou de florestas. Cabe aqui salientar que durante a coleta de dados, a localidade possuía formalmente o *status* de invasão. Esse bairro com idade aproximada de 6 anos está localizado na Zona Leste (Figura 2) e próxima da Escola Agrotécnica Federal do Amazonas, bem como da área de expansão do Distrito Industrial da SUFRAMA, reservada ao Distrito Industrial II. Em 2003 a população estava estimada aproximadamente em 10.000 famílias.

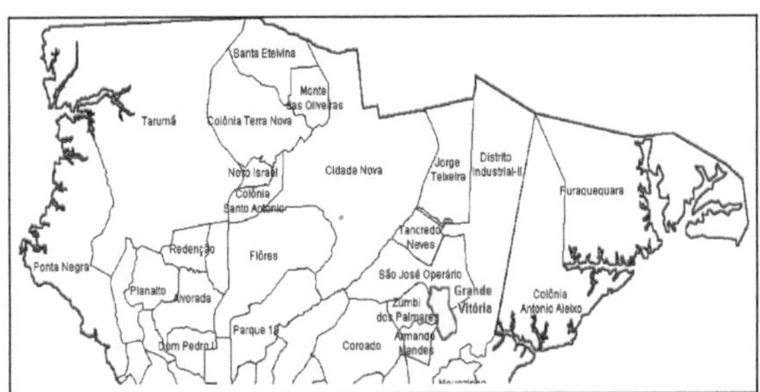

Figura 2 - Localização do bairro Grande Vitória (indicada pela seta) – na Cidade Manaus (Zona Leste de Manaus). Fonte: TERRAZAS, 2002.

No bairro Grande Vitória existe uma bacia hidrográfica com baixa declividade, tendo uma área de contribuição total de 369,61 ha, subdividida em: Bacia B1; Bacia B2 e Bacia B3 (Figura 3). Essa bacia exerce uma influência na qualidade de vida dos moradores. Para melhoria da saúde populacional alguns projetos foram concluídos, como por exemplo, o projeto de controle da malária [2] que voltado para o manejo ambiental em duas das bacias (B1 e B2) com uma extensão de aproximada de 1.850 m².

Conforme ilustra a Figura 3, a bacia tem início na Escola Agrícola Federal do Amazonas (L 1) e estende-se até o final do trecho L 4, compreendendo as duas grandes crateras que originaram as lagoas 1 e 2.

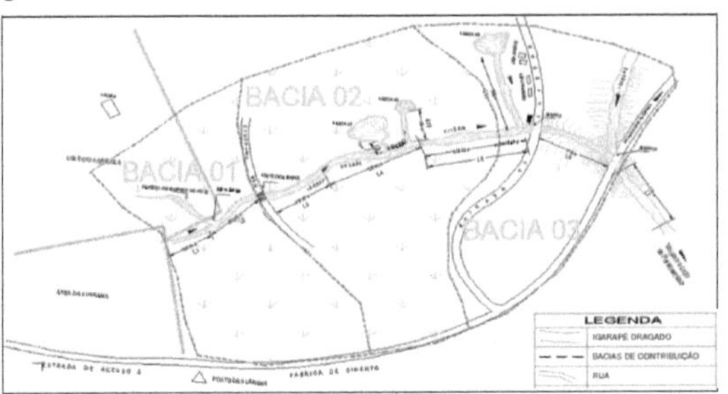

Figura 3 – Ilustração do Canal do Igarapé Grande Vitória com respectivas bacias. Fonte: Terrazas, 2002.

[2] Projeto para Controle da Malária (FUNASA) e projeto de urbanização e retificação do Igarapé Grande Vitória.

Anteriormente, a área era recoberta de mata secundária e foi objeto de intensa extração de "pedra brita". Este processo originou crateras que formaram lagoas e se tornaram propícias à reprodução de insetos do grupo anofelinos.

- **Coleta de dados**

O questionário (Anexo) foi contemplado com informações socioambientais com perguntas abertas e fechadas. Assim, considerando as complexas relações entre as pessoas e o meio em que vivem, refletindo o seu desenvolvimento, e a determinação da necessidade de interação, optou-se pelo método do **Estudo de Caso** (Greenwood, 1973[3]; Gil, 1991[4]).

Os aspectos de desenvolvimento humano (longevidade, educação, segurança, saúde, transporte, moradia e alimentação) foram obtidos mediante os dados primários coletados in loco.

Foram aplicados cem (100) questionários aleatoriamente na Grande Vitória. Nessas moradias, tendeu-se além do critério à idade mínima de 16 anos[5] para responder aos questionários, também o critério ético da pesquisa através do consentimento verbal do morador. Cabe salientar, que foi mister o procedimento diante do entrevistado em informar a finalidade da pesquisa, conforme as sugestões de Vergara (2000).

Para complementar as informações sobre a temática ocupacional urbana manauara foi realizado um levantamento bibliográfico relacionado à temática ocupacional de Manaus à expansão física da cidade em direção a áreas verdes.

- **Análise dos dados**

Por caracterizar um estudo de caso, foi feito uma análise descritiva, quantitativa e qualitativa dos dados obtidos. As informações foram armazenados em bancos de dados para serem tratadas estatisticamente e expostas em forma de gráficos e tabelas. Para tal, usou-se o sofware Excell XP (Microsoft) como programa de entradas de dados.

[3] Para esse autor, o método [illegible] em amplitude como em profundidade de uma unidade de estudo por meio de todas técnicas disponíveis para tal. A unidade de observação pode ser qualquer nível real da sociedade. Este método se caracteriza por três aspectos principais: a intensidade, [illegible] heterodoxos de análises.

[4] O autor afirma que o estudo de caso é caracterizado pelo estudo profundo e exaustivo de um ou de poucos objetos, de maneira a permitir o conhecimento amplo e detalhado do mesmo, tarefa esta, segundo o autor, praticamente impossível mediante outro delineamentos.

[5] Idade juridicamente legal para exercer o direito de voto.

Conforme sugere Prates (1996) para calcular o sub-índice de IDH, para moradias, calculou-se a densidade domiciliar considerando o número de dormitórios potenciais como sendo igual ao número total de cômodos menos dois (2) (variável constante). Portanto, a densidade do domicílio foi realizada de acordo com a seguinte fórmula:

$$D = \frac{N}{(C-2)}$$

Onde N é o número de pessoas do domicílio e C o número de cômodos do domicílio, 2 é uma variável constante e D é a densidade domiciliar.

1

ALTERAÇÕES ANTRÓPICAS

- **Espaço urbano**

Desde os primórdios o homem vive a modificar o meio onde se encontra, e fazendo dele sua morada e conseqüentemente resultando em alterações antrópicas. Antes de morar em clãs, o homem cercou um espaço geográfico tornando-a sua propriedade particular. A partir das primeiras organizações sociais o homem tem procurado modificar o meio ambiente em função do seu bem estar (FRANÇA, 1997; GIST,1967).

Observa-se que para isso, alguns grupos sociais deixaram de ser nômades e passaram a ser sedentários em certas regiões. Com o agrupamento das famílias surgiram grandes comunidades. Essas ao serem consolidadas formaram as primeiras metrópoles (HUBERMAN, 1986).

Com a fixação dessas cidades, houve a necessidade de expandir a agricultura e a caça. Entretanto, com a agricultura apareceu o problema do empobrecimento do solo. Conseqüentemente, a procura por regiões férteis foi inevitável. Outro ponto fundamental para a sobrevivência do homem foi a necessidade de alimento de origem animal através da caça, cada vez mais distanciada das regiões habitadas, principalmente pelo desmatamento das florestas (CAUFIELD, 2002).

Assim, a ocupação de terra visando além das necessidades fisiológicas, o homem também visou à auto realização. Contudo, alguns povos permaneceram sem ter o mínimo para a sua sustentação, principalmente os menos favorecidos economicamente. Essa situação permanece até os dias atuais conforme os registros de Maslow (1975).

Ao se fazer uma analogia sobre os povos na atualidade e os antigos, percebe-se que sempre existiram demanda por espaço e usufruto de serviços ambientais (FRICKMANN, 1994). Vale ressaltar que embora atualmente o homem disponha de tecnologias de monitoramento terrestre por via satélite, não tem meios de impedir a ocupação desordenada e a destruição do solo. Isso conseqüentemente propiciou um aumento no número de habitantes.

Como fator limitante do crescimento população destacam-se as guerras e as epidemias. Um exemplo disso foi a cólera por volta do ano 1500, e outras registradas no século XX. Entretanto, com a redução desses fatores limitantes constata-se um aumento na densidade da população humana mundial (Tabela 1). Em 1996, ultrapassou-se a marca de seis bilhões de habitantes, com destaque para os Estados Unidos com 285 milhões, a Nigéria com 114 milhões podendo chegar a 300 milhões até 2050 e a Índia com 1 bilhão de pessoas, podendo superar a China (1,4 bilhões de pessoas) até 2050 como nação mais populosa do mundo (CIA, 2002; www.popnet.org, 2003).

TABELA 1 – Crescimento Populacional Mundial

Ano	Quantidade de habitantes	Tempo de crescimento com base anterior
0-1 a.D	200 a 300 milhões	Não há dados anteriores
1650	500 milhões	16 séculos depois de Cristo
1830	1 bilhão	200 anos
1930	2 bilhões	100 anos
1962	3 bilhões	32 anos
1979	4 bilhões	17 anos
2004	7 bilhões	Após 25 anos

Fonte: American Central Inteligence Agency – CIA,2002

Esse acelerado crescimento, demanda por recursos naturais (ar puro, água, alimento e outros) refletindo no êxodo rural, regional e internacional (imigração para países desenvolvidos). A busca por melhoria da qualidade de vida, pode comprometer a sustentabilidade e os recursos naturais principalmente aqueles ligados ao desmatamento das florestas que dão lugar às moradias (JONH,2001).

O desmatamento é um dos primeiros, se não o maior, dos impactos causados diretamente pelo homem na natureza. Ao derrubarem as florestas ocorre uma intervenção na cadeia alimentar de várias espécies de animais vertebrados e invertebrados. Também se constata alterações nos serviços fornecidos pelas florestas como, por exemplo, o seqüestro de carbono e a regulação do ciclo hidrológico (FEARNSIDE, 1997).

Nas grandes e médias cidades, os rios, riachos, lagos, mangues e praias tornaram-se canais ou destino dos esgotos domésticos. O esgoto sanitário atinge 54% dos domicílios em todo Brasil, mas, apenas 10% é coletado e tratado. Quanto ao lixo, 29% do montante coletado é tratado e reciclado. Isso fica evidente na paisagem das metrópoles ou grandes cidades, os quais ficam evidentes na medida que o visitante vai se distanciando do perímetro urbano (IBAM, 2002).

À expansão urbana acompanha também outros problemas, como por exemplo o aquecimento do ambiente. Um outro fator é a emissão do CO_2 que combinada com a poluição do ar, causa o fenômeno meteorológico conhecido por Inversão Térmica (COIMBRA, 1985; LOBO,2002).

Segundo os registros de Oliveira (2000) [...] "o espaço urbano que se produz num lugar qualquer da Amazônia não é único, ele está contido e contém uma totalidade que inclui tanto o processo de desenvolvimento recente para a região como forma de produção da sociedade nacional, refletindo a maneira da espacialização de outras cidades brasileiras, assinalada pela contradição: de um lado, riqueza e bem-estar e, de outro, pobreza e miséria". Todavia, há as especificidades decorrentes da história do lugar, da capacidade de resistência e da forma não equânime de como as inovações atingem o lugar e de como as pessoas se relacionam com o novo (GRUN,1996)

Todos estes aspectos, mediados pelos usos e costumes, determinam a forma de produção do espaço que se traduz na articulação entre o lugar, o nacional e o global. Para Bardet (1990) "o espaço urbano não é um simples espaço geográfico, mas um espaço social complexo e heterogêneo, formado por uma multiplicidade de grupos secundários ". Como objetos fixos a superfície da Terra de acordo com alguma lógica pode ser visto na edificação urbanística (CORRÊA, 1990; DIEGUES, 2000; DORST, 1973). O conjunto de todas essas formas configura a organização espacial da sociedade.

As cidades como um espaço social, ocupam vastas superfícies, entremeadas de vazios. Nessas cidades, há interdependência do que pode ser chamado de categorias espaciais relevantes de épocas: tamanho urbano, modelo rodoviário, carência de infra-estrutura, periferização da população (SANTOS, 1999; DIAS, 1998; HOGAN, 1992).

O processo de ocupação dos espaços, bem como o modelo de parcelamento adotado nos diversos setores são responsáveis pelo caos do trânsito, das dificuldades de estacionamento, na falência do centro histórico como local de maior dinâmica urbana, e principalmente pelo sistema inadequado de transportes coletivos (PEREIRA,1969).

A questão da ocupação do espaço urbano impõe grandes desafios em uma perspectiva que combine o ideal democrático com o da sustentabilidade ambiental. Esta nova linha de trabalho tenta avançar neste esforço de 'traduzir" a temática ambiental para a especificidade do espaço urbano e apontar onde e como se consolidam a desigualdade e o conflito sócio-ambiental. Como o espaço urbano concentra atores sociais de natureza e agendas distintas. Aturar neste meio requer um grande esforço de elaboração e articulação de parcerias (PEROBELLI, 2003).

A população de baixa renda é direcionada para a periferia das grandes cidades onde a infra-estrutura na maioria das vezes não existe. Isso é o reflexo da lógica do mercado imobiliário que privilegia a ocupação, pela classe média e alta, em áreas dotadas de infraestrutura (ROLNIK, 1999).

No processo de ocupação, os atos de degradação ambiental (desmatamentos, assoreamentos de cursos d'água, etc) provocado pelas pessoas de baixa renda poderiam ser evitados se o poder público fosse eficaz, concreto e menos burocrático. Da mesma forma, o uso, a ocupação e o parcelamento do solo urbano seriam ordenados se houvesse fiscalização atuante da administração, de modo a inibir a clandestinidade (SANTOS, 2000).

A correta adoção de uma política habitacional e de obras evitaria os problemas com as inundações periódicas nas grandes cidades, que tantas vidas ceifaram e inúmeros danos materiais provocaram. Aliás, no campo das políticas públicas, quando as autoridades investidas para implementá-las falham na sua missão (SIQUEIRA, 2001).

"Ao lado das transgressões praticadas pelos particulares nas atividades que comprometem o meio ambiente, em geral a conduta comissiva desses agentes vem acompanhada da inércia do poder publico em combater as infrações, que não exerce as atribuições constitucionais de ordenação dos espaços habitáveis e de planejamento da urbe, para proporcionar o desenvolvimento das funções sociais da cidade e o bem-estar de seus habitantes" (CF, arts.30 VIII e 182)

A desordenada ocupação do solo protagonizada, pelos loteamentos clandestinos, gerou a proliferação de habitações edificadas sem critérios técnicos de solidez e estabilidade (insegurança) e em condições sub-humanas (insalubridade) . Como conseqüência constata-se: 1 - o surgimento de focos de degradação do meio ambiente e da saúde (loteamento em área de proteção ambiental); 2 - o adensamento populacional incompatível com o meio físico (má localização) e desprovido de equipamentos urbanos e comunitários, gerando o crescimento caóticos das cidades; 3 - a marginalização dos seus habitantes com o incremento das desigualdades sociais e reflexos na segurança da população local e circunvizinha (FREITAS, 1999).

- **Assentamento urbanos**

Segundo a Comissão Econômica para a América Latina e Caribe (CEPAL, órgão ligado a ONU) em um estudo intitulado - Alojar o desenvolvimento: uma tarefa para os assentamentos humanos, "nos assentamentos urbanos a crescente urbanização regional concentra a pobreza nas grandes cidades". Esta Comissão relata que após décadas de migração interna e o rápido crescimento das cidades, como da América Latina e Caribe, trouxeram agravamento e deficiência dos serviços básicos e o aumento da miséria (CEPAL, 1995).

Os problemas de assentamento urbanos no Brasil agravaram-se em virtude do não investimento em infra-estrutura e serviços capazes de compensar as desvantagens das localidades com densidades demográfica acima do padrão (MARTINS, 1996; JONH, 2001). Os paradigmas de modelos econômicos, adotados ao longo da história, têm apresentado fortes concentrações de renda e riqueza. Com isso ocorre a exclusão de expressivos segmentos sociais gerando assim as marginalizações. Um pequeno grupo privilegiado, tem acesso a uma qualidade de vida satisfatória ou até mesmo acima dos padrões, enquanto que, os marginalizados regridem para as mínimas condições de sobrevivência (GRUN, 1996).

Grande parte da expansão urbana no Amazonas induziu os moradores na destruição dos igarapés, florestas, em virtude do modo de vida da população amazônica que vem sendo observado dede a colonização (GALVÃO,2000)

Esta colonização deu-se a partir do centro geoeconômico e institucional, visando à conquista e a defesa de alguns lugares e a implementação e fortificação de outros. Assim, como as antigas províncias da Bahia, São Paulo e Rio de Janeiro tiveram sua estrutura influenciada pelo colonizador português (HOFFMAN, 1995; HOLANDA,1987)

Esta colonização era realizada de forma empírica, demonstrando pouca, ou nenhuma preocupação com os aspectos urbanísticos e ambientais, notadamente em decorrência do tipo de colonização que vinha sendo efetuadas no continente americano (GOULART, 1968; PEREIRA, 1996).

- **Gerenciamento sustentável urbano**

O gerenciamento sustentável urbano passou a ser incorporado como uma das grandes preocupações do Ministério do Meio Ambiente, dos Recursos Hídricos e da Amazônia Legal a partir de 1996. Foi criado no mesmo ano o Centro Nacional de Referência em Gestão Ambiental Urbana, cujo objetivo é levantar, coletar e organizar informações, assim como, promover o intercâmbio de tecnologias, processos e experiências de gestão relacionada com ambiente urbano (DERANI, 1997; MMA, 2001).

Depois da Conferência do Rio de Janeiro em 1992 e da Habitat II em 1996 ocorreu uma mudança na abordagem da sustentabilidade das cidades. As principais razões para estas mudanças se fundamentam em: 1 - o fracasso das políticas de fixação da população rural, independentemente do contexto político ou econômico; 2 - a efetiva realidade de que a cidade foi a forma que os seres humanos escolheram para viver em sociedade e promover suas necessidades (FARIAS; LIMA, 1991; IBAM, 2001).

Parece evidente que a vida urbana, conforme observado nos dias de hoje, encontra-se em crise. Poluições, violências, carências, serviços precários, congestionamentos, tumulto, são problemas que vêm desqualificando a vida nas cidades. Tal situação somada a outros problemas decorrentes do modelo de desenvolvimento vigente tem criado um clima propício para uma discussão a respeito de alternativas. Aí que entra a idéia das "Cidades Sustentáveis" (COIMBRA, 1985; USP, 2001).

Afinal, o que seria a Cidade Sustentável? Seria a cidade que recicla seu lixo, reaproveita a água, faz uso de energia renovável, que é planejada conforme os usos sustentáveis dos espaços, que faz uso racional dos transportes, com construções que aproveitam os recursos da natureza, que preserva áreas verdes e nascentes, que consome alimentos orgânicos, e outros. Desse modo, sem querer desmerecer a proposta, a cidade sustentável depende do arcabouço de tecnologias "limpas" (BENEVIDES, 2001).

A projeção da cidade sustentável deve envolver a sustentabilidade dos recursos que ela colhe fora de seus muros. A cidade sustentável não se faz apenas com alternativas tecnológicas, mas, principalmente, como uma outra cultura vivida por seus habitantes, uma cultura formada por padrões, hábitos, desejos e necessidades ajustados à realidade humana e ambiental (BRAGA, 2002; BENEVIDES, 2001).

As cidades por serem consideradas sistemas abertos, com uma dependência profunda e complexa, de fatores externos, agregam dificuldades aos esforços de se avançar para a sustentabilidade (um princípio profundamente relacionado com a auto-suficiência, consumo e disposição dos resíduos criados ocorrendo no interior de um mesmo espaço). Um desenvolvimento sustentável nas cidades sofre, assim, a contradição imposta por aspectos intrínsecos a esses espaços: os sistemas urbanos não satisfazem a todas as necessidades humanas. Sendo estes consumidores de energia, produzem enorme quantidade de lixo e a sua expansão provoca profundas mudanças na ocupação da terra e no uso do solo, conseqüentemente impactos sobre o sistema natural (ULTRAMARI, 2001).

Faz-se necessário uma mudança sóciopolítico em relação à natureza. As ações devem estar voltadas principalmente para a preservação do meio ambiente, sob o risco das gerações futuras serem severamente penalizadas. Conseqüentemente, perda da capacidade de suportar do planeta pelos impactos causados pelo próprio homem (CARLOS, 1994; NATIONAL GEOGRAPHIC BRASIL, 2001).

Furtado (2002) descreve que, para enfrentar o desafio de levar as nossas cidades a estágios de sustentabilidade urbana faz-se necessário compreender alguns aspectos centrais da gestão urbana:

É preciso promover a produtividade e fortalecer as vantagens comparativas das cidades, que são moldadas pelos fatores locais e pela diversidade. Assim, deve-se assegurar o dinamismo econômico das cidades, evitando a obsolescência de sua infraestrutura e o abandono de seus espaços públicos. Conforme esse autor, estaremos, assim, evitando as chamadas *desenconomias* urbanas, que, na medida que diminuem a produtividade da economia urbana, aumentam a pobreza e a queda da qualidade de vida da população

A gestão urbana sustentável não deve ignorar a crescente dependência dos processos urbanos das condições macro econômicas gerais, do país e do mundo (BENEVIDES,2001; SANTOS,1997).

A questão tecnológica também deve ser parte importante da gestão urbana sustentável. A inovação tecnológica é fundamental porque as condições de sustentabilidade estão definidas pela população, pela tecnologia, pelos processos sociais e pelos padrões de consumo. A tecnologia atuará na organização espacial da cidade e cuidará da interação setorial das políticas públicas (SANTOS,199b).

A introdução explícita de conceitos ambientais à gestão da cidade é outro fator central para a sustentabilidade urbana. Com o modelo de cidade ocidental atual produziu-se o paradoxo de que a concentração da população, longe de economizar solos e recursos, induz globalmente a um maior desperdício dos mesmos. As cidades exigem um enorme influxo de energia concentrada e de materiais para alimentar-se e em conseqüência disto sua saída de resíduos, também são grandes. Portanto, é fundamental produzir informações que permita às gestões das cidades conhecer, quantificar e buscar controlar esses influxos e essas emissões de resíduos (CASTELLS, 2001).

Para resolver o problema de ocupação humana nas grandes cidades latino americanas, os administradores públicos são obrigados a tomar decisões de maneira rápida sem qualquer pesquisa técnico-científica, ou de suporte decisorial no domínio que lhes permite analisar as causas profundas do problema. E, então ocorrem consequências graves para a sociedade, tais como: conflitos entre os moradores da invasão com a polícia e moradores de bairros ou conjuntos adjacentes. E também ocorre outros conflitos envolvendo a atuação da segurança pública e as pessoas dessas localidades invadidas. Além das ausências de estruturas públicas, como por exemplo, postos de saúde, delegacias, escolas e espaço para o lazer (GOLDSMITH,1993)

Promover um ambiente de co-responsabilidade entre os vários setores da sociedade e entre os vários níveis e setores das administrações públicas.

Garantir ao planejamento uma abordagem territorial, onde as especificidades de cada cidade sejam apreendidas, consideradas e trabalhadas em relação aos aspectos que constituem oportunidades singulares e peculiares para o seu desenvolvimento sustentável ou apresentam-se como obstáculo a serem superados (GIDDENS,1991).

Explorar as interfaces da gestão urbana com outras questões prioritárias a serem enfrentadas, mesmo que muitas delas extrapolem os limites da administração local.

A cidade sustentável, esse fenômeno em construção, pressupõe um conjunto de mudanças, algumas subjetivas e outras objetivas e que devem ser alcançadas de forma coletiva. Mobilizando-se o imaginário, deverão ser crias novos paradigmas, definindo o que se deseja que permaneça, o que se deve transformar, os limites e as modalidades da transformação, baseado-se, sempre, no desejo humano de viver na plenitude do ser (HEGENBERG,1998Ç KITAMURA; 1994).

Atualmente os governos da América do Sul e, particularmente do Brasil, enfrentam o desafio do desenvolvimento e buscam níveis de qualidade de vida similares aos dos países economicamente avançados. Todavia esse desenvolvimento deve incluir, necessariamente, uma moradia decente, saúde, educação, transporte e espaço para as pessoas desenvolverem suas atividades cotidianas de trabalho (PNUD,1996).

Portanto, o meio ambiente é elemento ativo do processo de desenvolvimento. Em muitas cidades brasileiras, as pessoas alteram ecossistemas para fazer moradias precárias sem nenhum conforto, sem energia elétrica e água, vivendo por muito tempo em condições sub-humanas (POPP,1993).

2

MANAUS E AS INVASÕES

- **Aspectos Histórico de Manaus**

Segundo informa o historiador amazonense Mário Ypiranga Monteiro (1994), foi em 1657 que se deu a primeira fixação de colonizadores na região da atual capital do Estado do Amazonas. O fato ocorreu quando de "expedição punitiva", destinada a castigar os silvícolas que atacavam os exploradores brancos ou índios pacificadores. Era comandada pelo cabo Bento (ou Benito) Maciel Parente. Estacionada a tropa na boca do rio Tarumã, os religiosos plantaram a cruz e fizeram missa. Ficou o local chamado Cruz do Tarumã.

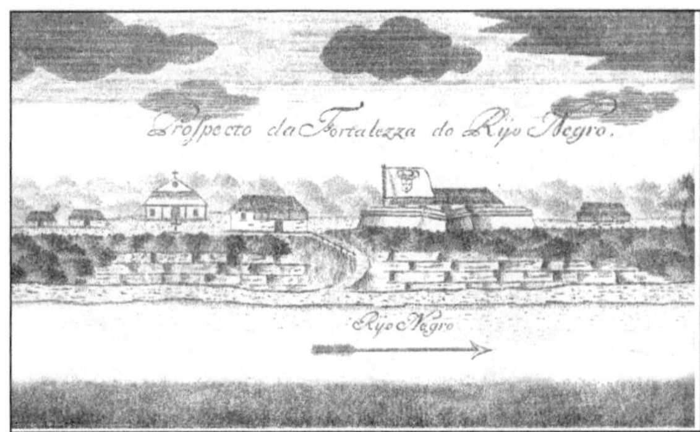

Figura 4 – Projeto da Fortaleza do Rio Negro (1630)-Manaus)
Fonte: Manaus: anos de história; in A crítica,2003.

Figura 5 – Ruínas da Fortaleza da Barra do Rio Negro (Manaus)
Fonte: Manaus, 360 anos de história; in A crítica,2003

Figura 6 – Vista Panorâmica cidade da Barra (Manaus)
Fonte: Manaus 360 anos de história; in A crítica,2003

No ano seguinte, outra "tropa de resgate" ocupou a mesma região, que passou a denominar-se Missão do Tarumã. É o primeiro núcleo ativo, que precede e auxilia a formação do lugar da Barra, organizado aquele com índios da localidade.

Figura 7 – Entrada da Vila da Barra do Rio Negro (Manaus)
Fonte: Manaus anos de história; in A crítica,2003.

Acredita-se que tenha sido após a fundação do povoado de Aruin (1668) com índios Aruaque, pelo cabo de tropa Pedro da Costa Favela, que o governo português passou a interessar-se pela ocupação definitiva por essa parte da Colônia. Pedro da Costa Favela deve Ter impressionado a autoridade do governador Antônio Albuquerque Coelho de Carvalho, em Belém do Grão-Pará, ao sugerir defesas contra a ameaça de conquista da parte de espanhóis e holandeses. Por isso, em 1669, o capitão de artilharia Francisco da Mota Falcão, auxiliado por seu filho Manuel da Mota Siqueira, constrói um simulacro de fortaleza à margem esquerda do Rio Negro, à altura da aldeia dos índios Manaós, (MONTEIRO,1990).

Embora não tenha tido nenhuma atuação militar, a fortaleza (chamada de São José da Barra) constituiu-se poderoso foco de atração demográfico-social. Tanto cresceu a população de índios e brancos que em 1695 os carmelitas resolveram construir uma igreja pouco acima do local da Fortaleza, sob a invocação de Nossa Senhora da Conceição, padroeira da antiga Missão do Tarumã e agora da Tapera dos Manaós (MONTEIRO,1990).

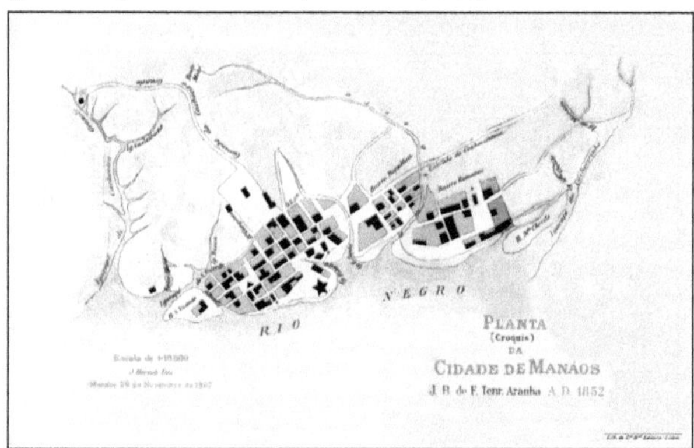

Figura 8 – Planta da Cidade de Manaus -1852
Fonte: IGHA – Amazonas.

Com esse rol de gente, a primitiva aldeia passa a povoado, como estabeleceu a lei de 6 de Junho 1755, precedendo a instalação da vila da Barra. Tanto índios como brancos residentes são protegidos por leis a quem o governo português concedia privilégios pelo casamento, desde que a lei referida mandava suster a escravidão de índios (LOUREIRO,2001).

Com vinda de Manuel da Gama Lobo D'Almada na qualidade de Comissário das Demarcações, e assumindo a direção da Capitania de São José do Rio Negro, cuja a capital era Mariuá[6], o Lugar da Barra passa a ser olhado como região melhor aconselhada para estabelecimento da Capital, pela situação estratégica pela salubridade. Lobo D'Almada transferiu a sede do Governo para a Barra em 1791, dotando-a imediatamente de benefícios que viriam certamente engrandecê-la e de certo modo atrair maior número de índios. Mandou construir o Palácio dos Governadores, um hospital

[6] Hoje é a atual Barcelos.

(não mais existentes). Fábricas de pano de algodão, de tecidos, de redes, de velas de cera, de cordoaria, de beneficiamento do anil e do arroz, um pequeno estaleiro para reparo de embarcações, padaria olaria. Criticou o estilo arquitetônico da igreja primitiva (incendiou-se na noite de 2 de julho de 1850) e interessou-se por outras comodidades necessárias (MONTEIRO,1994).

Com a mudança da sede do governo, a Barra passou à condição de vila, mas não duraria muito essa predicação. A carta-régia de 22 de agosto de 1798 fazia voltar a sede para Barcelos. E em 1808 transfere-se definitivamente a capital da Capitania para a Barra, na administração do governador José Joaquim Vitório da Costa. Somente em 1833, com a promulgação do Código de Processo Criminal do Império é que oficialmente passa à condição de vila, cabeça de comarca. E no dia 24 de outubro de 1848, pela lei nº 147, votada pela Assembléia Provincial Paraense, receberia a predicação de cidade: cidade da Barra do Rio Negro ou simplesmente Barra. A 4 de setembro de 1856 a Assembléia Provincial Amazonense dá-lhe o nome de Cidade de Manaus, pela lei nº 68, em homenagem à valente nação indígena Manau[7] (LOUREIRO,1978).

Com a proclamação da República, em 15 de novembro de 1889, a Província do Amazonas passou automaticamente a Estado Federado e os seus habitantes denominavam-se cidadãos. Manaus continuou sendo o município padrão e capital do Estado, com uma população que aumentava constantemente, por causa da cotação da borracha e com a vinda de imigrantes de todas as partes do Brasil e do Exterior. Seus limites ainda eram em 1900 os mesmos de 1889: ao norte o Bulevar Amazonas; a leste o bairro de Cachoeirinha; ao Sul o Rio Negro; e a oeste o igarapé do Teiu[8] (MELLO,1990).

---

[7] Ou Manaós, que na língua tupi significa "mãe de deus (Tupã)" faz-se do seu significado um sincretismo com o catecismo relacionando a expressão " ...Santa Maria Mãe de Deus..." retirada da reza Ave Maria. Em outras palavras, o significado de Manaus hoje teria um tom de homenagem a Maria no dialeto indígena.

[8] Conhecido na localidade como Igarapé da Cachoeira Grande ou de São Raimundo.

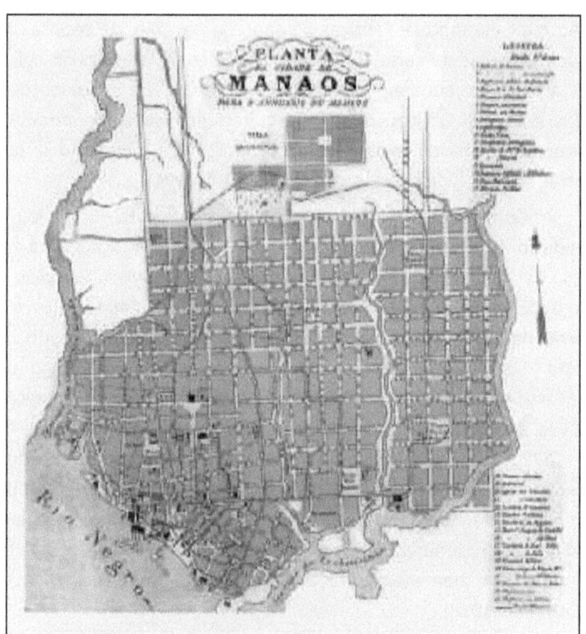

Figura 9 – Planta da Cidade de Manaus -1906
Fonte: CD-Rom Manaós apud IPHAM.

No dia 23 de Julho de 1892, Eduardo Ribeiro toma posse como governador constitucional do Estado, para governar até 1896. É quando Manaus passa a ser olhada com mais simpatia, não porque os governadores passados tivessem esquecido suas obrigações, mas porque no término do século as rendas eram maiores.

Tanto é assim que o Estado recebeu como herança da Província um dívida bastante expressiva , que só seria amortizada onze anos depois. Se na Província os presidentes haviam procurado dotar a cidade de benefícios, aterrando igarapés, construindo pontes de madeira, abrindo praças e ruas, alargando estradas, levantado prédios para a instalação de serviços públicos , contribuindo para a ereção da igreja dos Remédios, da Catedral, levantando o Palácio do Governo[9], o Liceu[10], o Mercado Velho, a antiga Biblioteca Pública, o Hospital da Caridade, depois Santa Casa de Misericórdia, iniciando a construção do Teatro Amazonas, e outros prédios já desaparecidos, – no regime republicano, com Eduardo Ribeiro, as obras iniciadas são aprovadas e concluídas ou deixadas por concluir, e outras são de sua exclusiva inspiração e acabamento, como o reservatório de água, a rede elétrica, esgotos, viação urbana, criação de mais escolas primárias, etc. Por exemplo: o serviço de bondes não foi inspiração sua, vinha da Província, mas ele o pôs em execução.

O Palácio da Justiça, iniciado no seu governo, foi terminado pelo coronel José Ramalho Júnior. A este se deve a instalação do Monumento de Abertura do Portos do Amazonas ao Comércio Mundial. A Eduardo Ribeiro deve-se ainda a criação e instalação do "Diário Oficial do Estado" e o aterro final de alguns igarapés centrais. Ele iniciou a construção de um monumental Palácio do Governo, no alto da avenida do seu nome, que os substitutos mandaram os substitutos mandaram dinamitar Ainda Eduardo Ribeiro melhorou o traçado das ruas de Manaus, criou o primeiro serviço de locomóvel (locomotivas com vagões de passageiros). Em matéria de construção, pouco s fez depois dele, mas a penitenciária do Estado e a Biblioteca Pública são da gestão de Constantino Nery. É que a renda começou a diminuir a partir de 1909, de depois a I Guerra Mundial impediu a exportação de nossos produtos em grande escala. O resultado disso é que Manaus passou várias décadas imobilizada urbanisticamente, sem meios para progredir (LOUREIRO,2001).

Essa situação perdurou praticamente até princípio de 1967. É quando se cria a Zona Franca de Manaus, que proporcionou ao comércio local um crescimento deveras significativo, em face do luxo de turistas visando à aquisição de produtos importados a custo relativamente baixos, estabelecendo-se parâmetros de comparação com os preços do mercado do resto do Brasil. Paralelamente, a

[9] Antiga sede da prefeitura de Manaus.
[10] Atual Colégio Estadual D.Pedro II.

indústria teve crescente desenvolvimento, com a implantação, dentro da Zona Franca, do Distrito Industrial, que se tornou um dos grandes pólos industriais do país (Ibidem)

- **Aspectos Populacionais**

Quando do Censo de 1890, Manaus contava com população de 634.659 pessoas, o que corresponde a uma densidade demográfica de 44,2 habitantes por Km2 (LOUREIRO, 1998; MONTEIRO,1980) .

Observa o historiador Mário Ypiranga Monteiro que a população de Manaus, no que apresenta de singular em duas épocas distintas, cresceu e decresceu em função da economia. Na segunda década do século XX, o êxodo populacional do interior para a cidade é marcado pela crise da borracha e, em casos esporádicos, por cheias catastróficas. A atração urbana se verifica em condições outras menores, menos distintas mas explicáveis, como necessidade de educação, emprego etc. Na terceira década, quando à crise financeira se aliava a insolvência oficial houve um recuo da cidade para o campo, em pequena proporção, o que se pode justificar com o abandono de empregos públicos, anúncios de casas à venda e para alugar, comércio decadente, transações bancárias deficientes, ausência de navios de longo curso, carência de trabalhadores e de construções civis particulares e públicas (MIRANDA,1974).

O estabelecimento da Zona Franca, em 1967, inverteu de novo a situação: a par do êxodo rural, acresce a migração exterior, mas o fenômeno educação, por exemplo, já não suscita o mesmo problema angustiante do passado. Acrescente-se a isto a instalação de serviços públicos oficiais, deslocamento de famílias, atração da Universidade, novos mercados de trabalho, de exploração comercial e industrial. A ilusão econômica responsável pelo aumento da população citadina ontem se reproduz hoje, parece que em maiores proporções. Agricultoras prósperos abandonam suas terras de cultivo por um horizonte indefinível na cidade e até colonos se estabelecem com casas de comérico (MOURA,1993).

Assim, Manaus, que possuía 175.343 habitantes em 1960, teve aumento de 78% na década seguinte (totalizando 311.622 em

1970) e, entre 1970 e 1980, experimentou acréscimo de mais de 100%. Outros estudiosos, como Loureiro (1998) apontam outros números que seguem resumidos (Tabela 2) a seguir:

TABELA 2 – Dados populacionais de Manaus a partir do ano de 1821

Ano	Quantidade de habitantes	Ano	Quantidade de habitantes
1821	34.692	1920	70.000
1825	22.732	1940	66.000
1827	16.403	1950	89.000
1831	16.213	1960	152.000 / 175.343*
1833	18.843	1967	228.000
1840	19.953	1970	284.000 / 311.622*
1856	41.311	1990	1.000.000
1872	57.612	1996	1.157.357**
1890	147.915	2000	1.405.835**

*** Ipiranga**

**** IBGE**

Fonte: Ipiranga (1981), Loureiro (2002), IBGE (2002)

- **Invasões**

Manaus é a cidade que mais cresce no Brasil, de acordo com o último censo do Instituto Brasileiro de Geografia e Estatística (IBGE), e conseqüentemente ao crescimento, a mesma sofre com problemas vividos pelas metrópoles. Desejada por muitos, ela se ressente com as mazelas causadas pela migração desmedida e com o crescimento desordenado. Manaus é a capital com o maior número de migrantes do País: 40,8 mil pessoas até 1991 e cresceu três vezes mais que outras capitais nos últimos cinco anos. Em 1996, tínhamos 1.157.357 habitantes. No ano 2000, o censo do IBGE registrou 1.405.835 moradores na capital do Amazonas. (IBGE,2000)

Segundo a Secretaria Municipal de Apoio Comunitário, somente na Zona Leste devem viver em invasões mais de 120 mil pessoas. Na Zona Norte, nos bairros que são resultantes de invasões, estima-se que morem outras 2 mil famílias – um equivalente de 10 mil pessoas.

Isso aponta que Manaus cresce quase que exclusivamente de forma horizontal e nos sentidos Leste e Norte de forma improvisada. A Prefeitura de Manaus salienta que o "... é tudo tão rápido que não há tempo para fazer obras de infra-estrutura para atender a essas pessoas". De acordo com a mesma, as invasões formaram nos últimos dez anos a maioria dos bairros existente na periferia da cidade. Foram pelo menos 15 bairros em menos de dez anos (A crítica, 24 de out.2003).

Figura 10 – Vista aérea da Invasão "Cidade de Deus" , Manaus (Am) durante o período da invasão em 2001. Foto: Jornal A Crítica 24/10/2002

Um bom exemplo é o bairro da Compensa, na Zona Oeste. Resultante de uma das primeiras invasões que se teve notícia em Manaus, ele abriga uma população de mais de 40 mil pessoas acima de 18 anos de idade, de acordo com dados do Tribunal Regional Eleitoral (TRE). Outro fruto de invasões de terras é o bairro Cidade de Deus (Figura 10), na Zona Leste, que abrigaram mais de 20 mil moradores.

A maioria dos invasores vem do Pará e do Maranhão. A outra parcela, , é explicada proveniente do interior do Amazonas. O discurso dos moradores é unânime, todos estão em busca de emprego e melhores condições de vida. Estes encontram mais problemas, porque depois que uma invasão se consolida ainda é preciso um tempo indeterminado para que a Prefeitura consiga estabelecer infra-estrutura suficiente, já que normalmente as áreas invadidas são particulares e, portanto, a Prefeitura não tem responsabilidade sobre elas.

No entanto, nas invasões que foram consolidadas - aquelas que já se transformaram em bairros - existe urbanização, poços artesianos, escolas e postos de saúde construídos pelo governo municipal e estadual. E a prática dos invasores é tamanha que quando estão entrando em uma área, eles já se preocupam em deixar marcadas as futuras ruas e os terrenos para futuras instalações de unidades escolares e de saúde.

- **A "indústria" das invasões**

Invasão tornou-se sinônimo de comércio, uma "indústria" que aumenta ano após ano e vem modificando a imagem de Manaus. Ao invés de bairros planejados, a grande maioria, principalmente na Zona Leste, é oriunda de invasões. A Secretaria Municipal de Desenvolvimento e Meio Ambiente (Sedema) salienta que mais de 60% desses invasores não necessitam disso e, em geral, são liderados pelas mesmas pessoas em diversas invasões (SEDEMA,2002)

Tais invasões se intensificam com o período de eleições. Primeiro porque essas pessoas acreditam que, como eleitores, têm o direito de invadir qualquer área e tomá-la para si. Por outro lado, ainda existe o apoio de alguns "políticos" por trás do processo.

Segundo a SEDEMA, a liderança de algumas invasões são conhecidas de um longo histórico, o que indica um comando organizado que vem se repetindo nestas ações, é o que a imprensa chama de "indústria da invasão". Essa "indústria" funciona da seguinte forma:

o grupo invade um determinado terreno que, em geral, é de propriedade particular ou do município, loteia, habita por cerca de dois meses e, em seguida, coloca uma placa de "vende-se" e parte para outra área. Esse foi o itinerário percorrido pelos invasores da comunidade Abraimnópolis, Zona Norte, e que após algum tempo grande parte passaram a ocupar o loteamento Rio Piorini, no Novo Israel, que fica ao lado. O detalhe é que as duas ocupações ocorreram sob liderança de uma mesma pessoa, negociando cada lote a R$ 15. O caso também está registrado no 12º Distrito Policial (SEDEMA, 2002).

Figura 11 – Vista de dois invasores Limpando uma área invadida para construção de barracos

A falta de consciência política é tão estimulante para os invasores, que no dia 22 de julho de 2003, mais uma ocupação teve início no bairro Alvorada II, ao lado da área florestal chamada de Nascente do Alvoradinha. Cerca de 24 famílias decidiram tomar posse de um terreno que seria destinado a um campo de futebol, na rua Rosina Ferreira, os invasores desse espaço salientavam: "Quem está precisando monta uma lona e pronto" (Acrítica, 23 jul. 02). Alguns lotes já estavam cercados por fios demarcando a parte que cabe a cada um, e todos se diziam vítimas de aluguel e desempregados, daí a decisão de invadir. Sem dinheiro para construir um barraco, eles já sabem onde procurar ajuda: "*Vamos pedir aos políticos*." A escolha do local, de acordo com os invasores da área, é por causa do abandono do terreno há mais de 15 anos. "*O campo de futebol ficou só no projeto*." Mas, segundo uma moradora da própria invasão, que não quis se identificar, afirmou que todos os invasores possuem casa própria (A crítica, 23 jul. 02)

A indústria da invasão vem vitimando muitos proprietários. O loteamento Rio Piorin é um exemplo disso, registra cerca de duas mil pessoas invasoras, o terreno total é cerca de 1,6 milhão de metros quadrados. Essas terras fazem parte de um título definitivo emitido em 1903, assinado na época pelo governador Constantino Nery.

A SEDEMA salienta que cabe aos proprietários a segurança dos seus terrenos, se alguém invade sua "casa" precisa chamar as autoridade para exercer o poder restituição do imóvel.

Há dois anos e meio, a Sedema criou o Grupo de Defesa Ambiental e Combate à Invasão, coordenado pelo coronel Homero de Miranda.

A preocupação do órgão é prioritária às causa de danos ambientais, tais como desmatamento, queimadas, extinção da fauna e flora e comercialização de animais silvestres, o que foi detectado no loteamento Jardim Mauá.

Sedema, Instituto Brasileiro do Meio Ambiente e dos Recursos Naturais Renováveis (Ibama), Ministério Público, Pelotão Ambiental da Polícia Militar, Vara e Promotoria do Meio Ambiente são alguns dos órgãos que podem combater a indústria da invasão. A Sedema informa que ao chegar às novas invasões identifica pessoas que já haviam ocupado outras. Ela adverte que aos invasores que realmente necessita de terra não deve se iludir, mas verificar junto a Empresa Municipal de Urbanização de Manaus (Urbam) se está regularizada.

Parte de Manaus cresceu por meio de invasões. Bairros da Zona Leste como Nossa Senhora de Fátima, Grande Vitória, Zumbi, Coroado, Alfredo Nascimento, Armando Mendes, Tancredo Neves e Cidade de Deus, assim como o Alvorada, na Zona Centro-Oeste, surgiram na cidade como invasões. Em outros locais, como o Gilberto Mestrinho, Zona Leste, ainda é uma invasão e entre as mais recentes está a Jesus me deu, na Zona Norte. Das que surgiram e foram contidas está a comunidade Joana D'arc, localizada atrás do condomínio Ben Hur.

Figura 12 – Fiscais da SEDEMA numa área verde que foi invadida Foto: A crítica

Um outro caso das indústrias das invasões, ocorre nas áreas mais ricas em nascentes de água potável que estava protegida pela floresta do loteamento Abraimnópolis, ao lado da sede do Governo do Estado, Zona Norte, agora está ameaçada pela destruição trazida pela invasão mais recente naquele local. Um dos crimes ambientais mais graves, causados pelas invasões, resulta em multa de mais de R$ 10 mil segundo o Código Ambiental do Município.

Das cinco fontes de água encontradas na área ocupada, uma delas, intacta até no dia 20 de Julho de 2003, foi encontrada onze dias depois, dia 31 de julho, aterrada pelos invasores. A invasão está ocupando a área pertencente à Associação dos Inativos da Polícia Militar, um terreno que mede 400 metros de largura por mil de comprimento.

E para tentar demarcar as áreas consideradas de risco pela Secretaria Municipal de Desenvolvimento do Meio Ambiente (Sedema), a fim de evitar construções, principalmente em barrancos, o Grupo de Defesa Ambiental e Combate à Invasão, pregou-se 32 placas nos troncos de algumas árvores. Mas logo ao saírem as placas começaram a serem retiradas e afastadas cerca de 20 metros da demarcação anterior (Foto 12) e dessa forma vão avançando para dentro da mata, devastando, queimando, cortando a flora e destruindo a fauna.

As notícias de invasões espalham-se rapidamente pela cidade atraindo gente de todas as zonas. Pessoas atravessam a cidade, mas se não for rápida não consegue o terreno. O Jornal Acrítica do dia trinta e um de julho apresentou o caso da moradora do Japiim, Zona Sul, que percorreu todo o loteamento "Jesus me deu" e descobriu que a área estava tomada pelos invasores. Tentando ser mais uma, ficou desiludida porque queria um pedaço de terra, mas havia chegado tarde. "Quando soube que estavam invadindo vim logo, mas já está tudo lotado. Vou manter guarda para ver se alguém desiste do lote"[11].

- **Comércio povoa áreas ocupadas**

O paradoxo encontrado em algumas invasões revelam que muitos ocupantes, ao contrário do que dizem, teriam condições para habitar em locais regularizados pela lei e pagando por isso. A constatação é visível quando se chega a uma das mais recentes invasões no loteamento Abraimnópolis.

Como todas as invasões que vêm sendo registradas na cidade, a Jesus me deu começou pela parte de trás do terreno, por isso não despertou suspeita, já que as cercas da frente e dos lados não chegaram a ser derrubadas. Os problemas ambientais vieram em seguida. "Foi um crime que eles cometeram já que havia muitas castanheiras que foram derrubadas. Existia também um igarapé e várias outras espécies de árvores e animais que sofreram as conseqüências dessa invasão criminosa".

Um fato muito freqüente nas invasões é a presença de criança em número considerável de crianças na invasão "Ismail Aziz" (Figura 13), no Km 2 da BR-174 (Manaus-Boa-Vista), impediu que todos os barracos erguidos no local fossem derrubados. Uma equipe da Secretaria Municipal de Desenvolvimento e Meio Ambiente (Sedema) esteve no local e, liderada pelo coordenador de meio ambiente da secretaria, retirou na ocasião dez dos barracos que

[11] Entrevista concedia ao Jornal A crítica em 31 jul. 2002.

existiam na área. Ao todo eram 32, segundo os fiscais. "Viemos com a ordem de derrubar todos, mas como encontramos muitas crianças vamos desfazer apenas os que estão vazios e os que têm apenas adultos dentro" (A crítica, 25 out. 2003).

Figura 13– Uso de Crianças pelos invasores para intimidar a retirada dos barracos.
Foto: Jornal A Crítica.2000.

Segundo Almeida (2000) que trabalha com a questão há mais de dez anos, cerca de 40% das pessoas que participaram de grande parte das invasões da cidade são do Estado do Pará, 20% seriam do Maranhão e o restante estaria dividido entre Piauí, Ceará e outros Estados do Nordeste e Norte, além de pessoas vindas do interior do Amazonas.

Algumas décadas após a colonização, as cidades amazonenses sofreram uma ocupação desordenada, como por exemplo Manaus. Sua urbanização resultou em uma ocupação desordenada, provocando o adensamento populacional dos bairros. Este problema reflete negativamente sobre o meio ambiente, a medida que as áreas verdes vão sendo devastadas para dar lugar à moradias. Por sua vez, provoca-se a suburbanização, incapaz de absorver todo o contingente populacional que vem das diversas regiões e sobretudo do interior do Estado, ocasionando problemas complexos e de difícil solução, refletindo o agravamento das questões sociais, econômicas, sanitárias e ambientais (SILVA, 1998; SCHNEIDER, 2000).

A ocupação desordenada da cidade de Manaus, tendo como base uma relação entre homem e o ambiente, apresenta-se culturalmente com características de vida, semelhantemente a outros existentes na Região Norte. O urbano de Manaus tem sua vida econômica e social representada por interelações com diversos rios e igarapés. O que o diferencia de outros *habitat's* de diferentes regiões é esta interligação. Essa características certamente levou as populações humanas que a ocupavam a desenvolver estratégias adaptativas peculiares (MELO, 1990; BRANCO, 1999; BECKER,2000).

Desta forma, Oliveira e Guidotti (2000) descreveram que o desenvolvimento desordenado em Manaus e em outras cidades nos últimos anos tem provocado graves problemas urbanos. Como exemplo, em Manaus verifica-se o processo acentuado de favelização a partir da criação da Zona Franca de Manaus. Até então a cidade estava estagnada desde o início do século. Conseqüentemente, desse marco, começou a enfrentar um surto migratório.

Por causa do surto migratório, iniciado em 1975, ao se completar a instalação da Zona Franca, verificou-se uma mudança demográfica significativa. Manaus chegou a um aumento de mais de 103,3% de sua população entre 1970/1980, apresentando uma infra-estrutura sanitária e urbanística, incapazes de acompanharem os mesmos índices. A partir daí, passaram a ocorrer problemas sociais graves e ocupação desordenada do solo (BRANCO, 1990).

Para se ter uma noção do aumento da população nesse período, o distrito industrial atingiu seu ponto culminante em 1989, com 425 empresas instaladas e 112 em processo de implantação. A mão de obra representava 127.804 empregos diretos na cidade de Manaus sendo 74.818 no distrito industrial (MELO,1990; MOURA, 1993).

Oliveira e Guidotti (2000) destacam que a partir de 1990 acentuou-se a crise da economia brasileira que vinha se arrastando desde 1983 em decorrência do arrocho salarial e por uma abertura "desastrosa" ao mercado externo, ou seja, incompleta. A crise econômica determinou a ociosidade das empresas do distrito industrial atingido ao final de 1991, 80% em média com paralisação de alguns setores. O desemprego em Manaus atingiu no setor industrial, 78,17% em março do mesmo ano. Dois meses depois o nível de empregos diretos no setor industrial era de 20.000 representando uma redução (comparando dezembro de 1989), de 84,56%.

Com a implantação do Plano Real, em Manaus ocorreu nova dinamização no que concerne a produção e faturamento do distrito industrial. Entretanto, isso não significou a recuperação do nível de emprego tendo como base o ano de 1989. A crise da Zona Franca de Manaus, portanto é basicamente pela falta de oferta de trabalho. Entretanto, com o processo de automatização robótica e com a alta tecnologia industrial diminui a oferta de emprego e por outro lado aumenta o sistema produtivo (MOURA, 1993).

Este quadro sem dúvida é o resultado dos problemas que o país atualmente enfrenta. Ao mesmo tempo em que ocorre o comprometimento da qualidade de vida do homem, esses padrões de desenvolvimentos também favorecem a degradação ambiental por meio da exploração predatória de recursos naturais e da poluição (RODRIGUES, 1989).

A convivência em sociedade é complexa, pois demanda necessidades coletivas cada vez mais exigentes. E no atendimento destas sociedades a humanidade passou a agir irracionalmente e de forma irresponsável, explorando de forma predatória os recursos naturais (USP,2002; MOREIRA, 1997; REIGOTA,1999).

Portanto, para minimizar tais impactos, os gestores públicos e privados, devem investir na preservação, conservação e recuperação do meio ambiente, sem meio ambiente equilibrado, é preciso elaborar políticas voltadas para a sustentabilidade ambiental (CARVALHO,1995; MARTINS, 1996).

3

GRANDE VITÓRIA: O NASCIMENTO DE UM BAIRRO

A seguir são apresentados os resultados da pesquisa de campo no bairro Grande Vitória. Os registros são apresentados de acordo com a ordem das informações obtidas por meio do questionário. No decorrer dos apontados (após 1 ano), constatou-se que a invasão Grande Vitória passou a categoria de bairro pela prefeitura de Manaus, embora a população local ainda considera a área uma invasão.

- **Origem**

Na Figura 14 observa-se que os entrevistados, quando indagados sobre a naturalidade, 49% apontam o interior do Estado do Amazonas, 23% o Estado do Pará e 22% a cidade de Manaus.

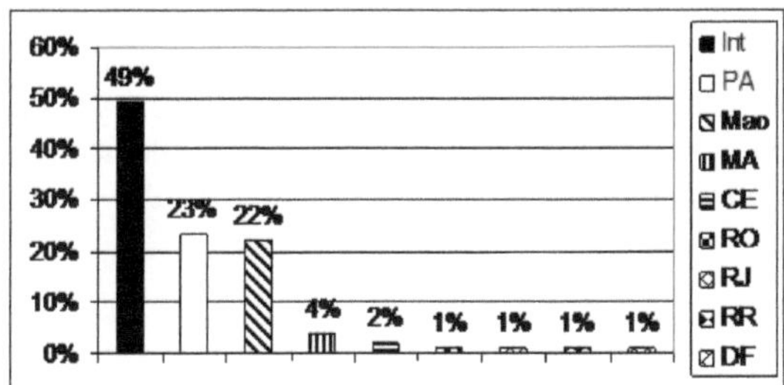

Figura 14 – Quantidade em porcentagem de entrevistados no bairro Grande Vitória segundo a naturalidade.

A população entrevistada relatou que vivem em Manaus há mais de 12 anos. Como o bairro Grande Vitória tinha por volta seis anos no período das entrevistas, pode-se deduzir que esses moradores, já residiam em Manaus antes da Invasão. Segundo esses moradores, o maior incentivo para invadir essas terras foi à necessidade de uma moradia.

A motivação para residir em Manaus foi principalmente pela necessidade de melhor qualidade de vida segundo o relato de 48% dos entrevistados vindo do interior do Amazonas. A procura de emprego também foi outra forte motivação, nesse caso, 24% vieram transferidos de seus empregos, 19% para estudar e, 8% afirmaram ter acompanhado sua família quando criança constituindo em Manaus uma nova moradia, conforme ilustra a Figura 15.

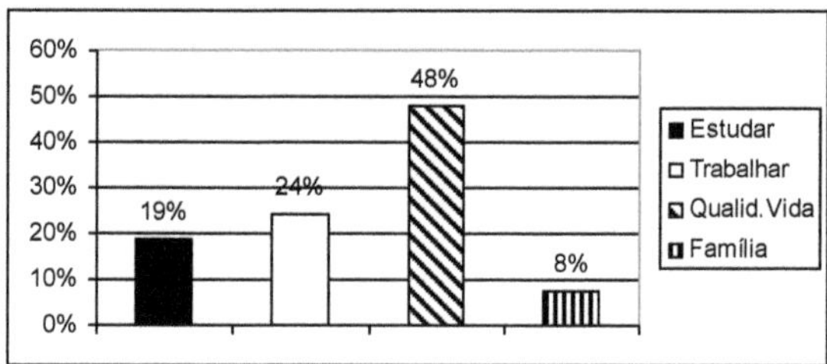

Figura 15 – Motivos apontados pelos entrevistado para residir em Manaus.

O elo familiar também foi apontado como forte motivação para a moradia em Manaus. Constatou-se que 93% dos entrevistados têm família em Manaus, os demais (7%) não têm vínculo familiar local, conforme ilustra a Figura 16. O vínculo familiar é uma forma de segurança na tomada de decisão para vir morar em Manaus.

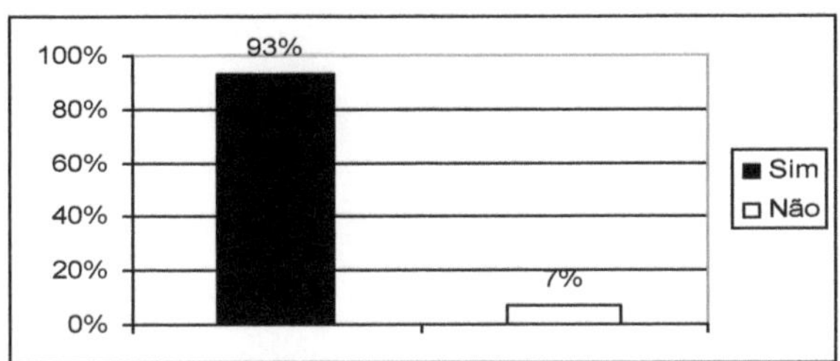

Figura 16 – Quantidade em porcentagem de entrevistados com parentes residindo em Manaus.

Os entrevistados relataram a presença de duas invasões ao lado da Grande Vitória, a *"Grande Vitória II"* e a *"Nova Vitória"* conforme a Figura 17. Como existe uma faixa de floresta nessas áreas torna-se quase imperceptível à constatação pelas autoridades o início dessas invasões. Outro ponto culminante é o fato de que os invasores iniciam a derrubada da floresta de dentro para fora. Observa-se a continuidade das invasões nas proximidades da Grande Vitória (Figura 18). Na medida em que foi ocorrendo o melhoramento de infra-estrutura (por exemplo, asfalto), áreas florestadas nas proximidades foram derrubadas e novas invasões foram formadas conforme ilustra a Figura 19.

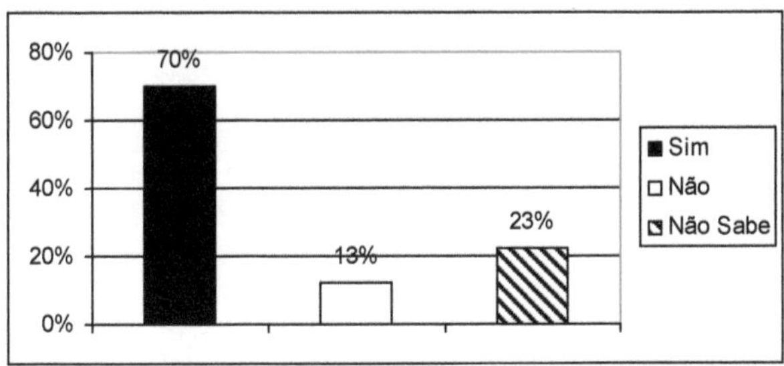

Figura 17 – Informação dos moradores sobre a existência de invasões nas proximidades da Grande Vitória.

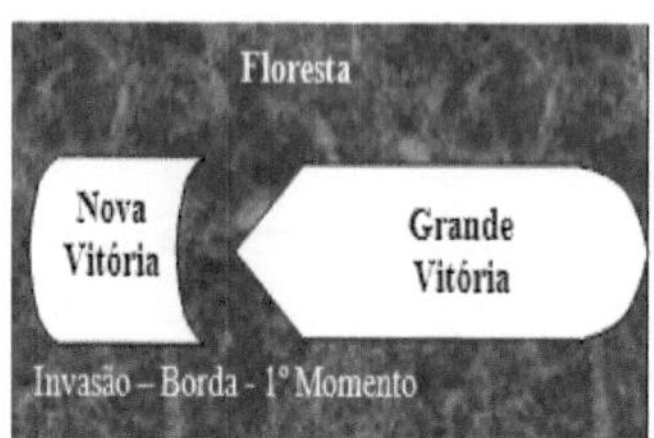

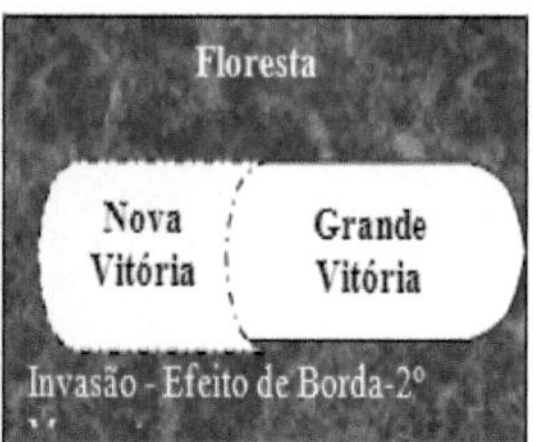

Figura 18 - Ilustração das Invasões adjacentes, enfatizando o efeito de borda em dois momentos distintos próximos ao bairro Grande Vitória, na cidade de Manaus em 2003.

Figura 19 – Vista de uma rua que divide o Bairro Grande Vitória e a invasão "Nova Vitória" (indicada pela seta) . Foto: Ribeiro. 2003

- **Infra-estrutura**

Constatou-se segundo os entrevistados uma melhoria na infra-estrutura principalmente nos serviços básicos como o fornecimento de água, luz e asfalto. A Grande Vitória encontra-se 100% provida de iluminação pública; as residências possuem energia elétrica sem racionamento, onde 98% têm ligação regulamenta; e o abastecimento com água de poço (Figura 20).

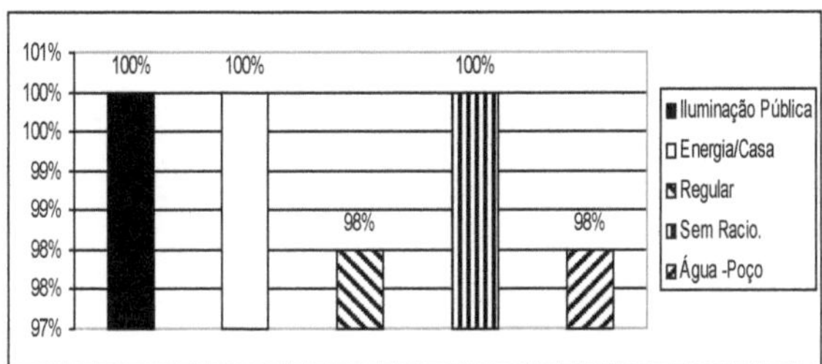

Figura 20 - Serviços de infra-estrutura no bairro Grande Vitória, na cidade de Manaus em 2003.

Segundo os entrevistados em torno de 77,5% utilizam fossas (Figura 21) e os demais fazem uso de banheiros improvisados. Nesse caso o esgoto vai direto para o igarapé conforme ilustram as Figura 22 e 23.

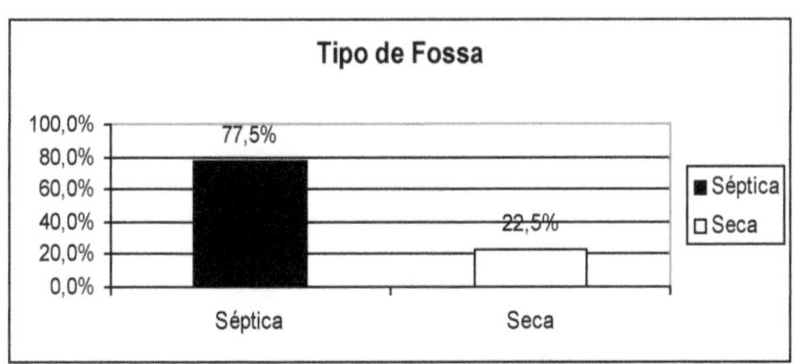

Figura 21 – Relato dos moradores (em porcentagem) segundo os tipos de fossas utilizadas.

Figura 22 – Vista de um banheiro com saída de resíduos para o igarapé no bairro Grande Vitória. Foto: Diogo Torres (2002).

Figura 23 – Imagem do Igarapé Grande Vitória.Foto: Diogo Torres (2002).

Quanto à qualidade da água, os entrevistados (84%,6) consideraram boa, enquanto que a minoria a considerou razoável (Figura 24). Essa água é obtida por meio de poços (comunitário e particular) (Figura 25), além de "cacimbas" (Figura 26).

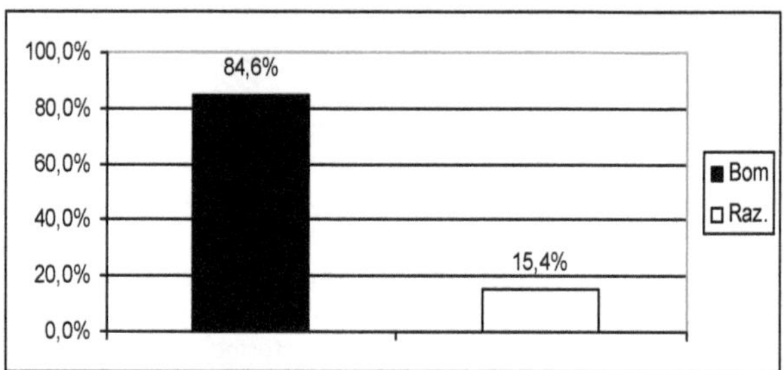

Figura 24 - Qualidade da Água Consumida segundo os entrevistados no bairro Grande Vitória, na cidade de Manaus em 2003.

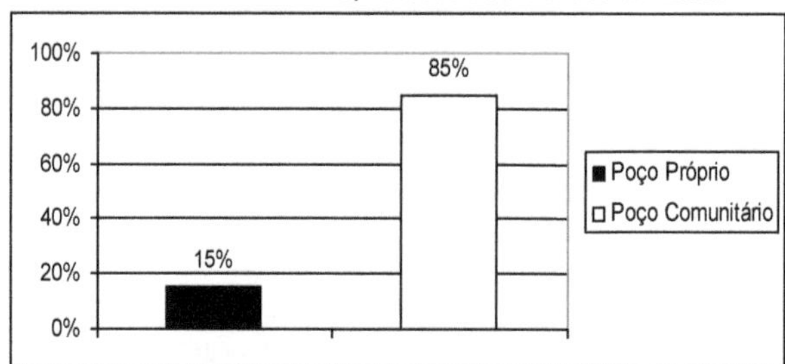

Figura 25 – Relato dos entrevistados (porcentagem) quanto à origem da água consumida no bairro Grande Vitória em 2003.

Figura 26 – Cacimba (indicada pela seta) utilizada pelos entrevistados no bairro Grande Vitória. Foto: Diogo Torres (2003).

Essa população falou dos riscos e benefícios de morar no bairro Grande vitória. Também apontaram a falta de um "bem estar social". Desses entrevistados 31% salientaram que nada é bom no bairro, por outro lado, 21% apontaram a tranqüilidade embora ocorram problemas com a violência, 18% apontaram a existência de água e luz, 10% falaram que "tudo que existe no local é bom além de outros benefícios" e finalmente, 8% a indicaram a moradia e a escola conforme ilustra a Figura 27.

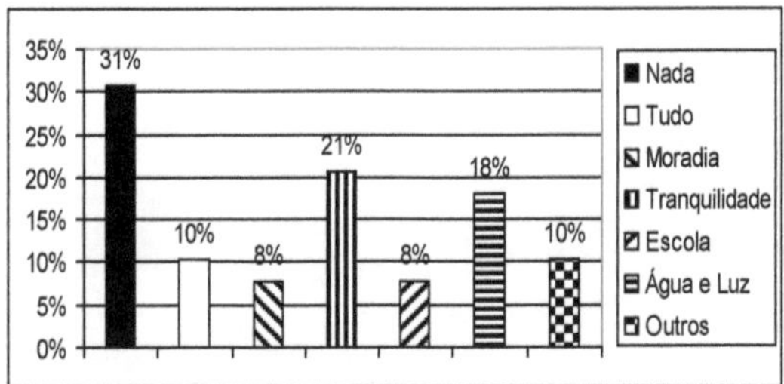

Figura 27 – Relato dos entrevistados (porcentagem) sobre o "bem estar" no bairro Grande Vitória, na cidade de Manaus em 2003.

- **Moradia**

Nota-se que a maioria da população entrevistada (91%) possui casa própria (Figura 28). Essas casas em sua maioria (60%) são de alvenaria e 40% de madeira conforme ilustram as Figuras 29, 30A e B. Essas casas foram construídas com o auxilio do governo estadual. Fato esse evidenciado pela presença de uma faixa do governo do Estado doando o material.

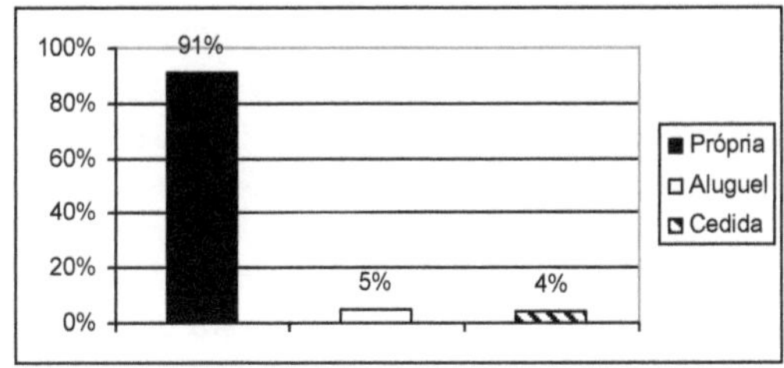

Figura 28- Informações dos entrevistados sobre as moradias no bairro Grande Vitória, na cidade de Manaus em 2003.

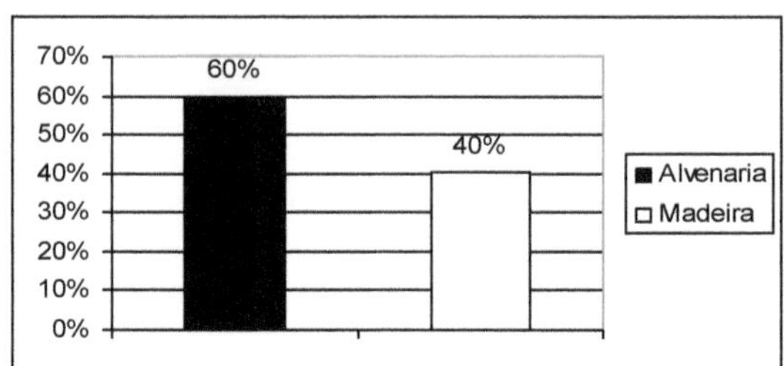

Figura 29 - Tipo de construção registrada no bairro Grande Vitória, na cidade de Manaus em 2003.

Figuras 30 – A - Casas típicas de madeira no bairro Grande Vitória; B – Casa revestida de lona no bairro Grande Vitória na cidade de Manaus. Foto: Diogo Torres (2002).

Contatou-se um número de 586 nas residências dos entrevistados (n = 100) conforme ilustra a Tabela 3. A densidade domiciliar considerando o mínimo de duas pessoas por dormitórios foi de 12,7. Nesse caso, considerou-se o número de dormitórios potenciais como sendo igual ao número total de cômodos menos dois (destinado, presumivelmente, a cozinha e banheiro)

Quando se comparam os dados referentes à distribuição de habitantes por domicílio constata-se um valor acima do padrão (1,5) estabelecido pelo Programa de Desenvolvimento das Nações Unidas - PNUD (2002). Isso é explicado pelo fato de que embora a maioria das casas seja de alvenaria (60%), essas não representam melhor qualidade de moradia, uma vez que o número de cômodos não atende a demanda por habitante.

TABELA 3 – Densidade domiciliar da população entrevistada no bairro Grande Vitória de acordo com o modelo do PNUD (2002)

Sub-Indicadores de qualidade de vida	Quantidade (unid.)
Total de pessoas residentes	586
Cômodos	250
Banheiro	100
Densidade domiciliar-Grande Vitória*	12,7
Densidade domiciliar Padrão – PNUD/ONU	1,5

Constata-se na Grande Vitória uma média de seis pessoas por residência das quais quatro adultos e duas crianças (Tabela 4). Isso indica que uma família nesse local é composta em tese por 40% de crianças e 60% de adultos. Se considerarmos que esse aumento pode ser crescente, as crianças, brevemente demandarão por uma ampliação e melhoramento de infra-estrutura necessário para o seu desenvolvimento sócio educacional.

TABELA 4- Quantidade de adultos e crianças por residência segundo informações dos entrevistados no bairro Grande Vitória, na cidade de Manaus em 2003.

Especificações	Quantidade/ Total	Média/ residência	Porcentagem / proporção
Adultos	418	4	60
Crianças	168	2	40
Total	**586**	**6**	**100**

A dieta alimentar dos entrevistados é basicamente arroz (97,5%), feijão (95%), farinha (90%), pão (87, 5%) e peixe (80%) conforme ilustra a Figura 31. Isso mostra a qualidade alimentar dessas familias, o que possivelmente pode afetar a qualidade de vida dessas pessoas.

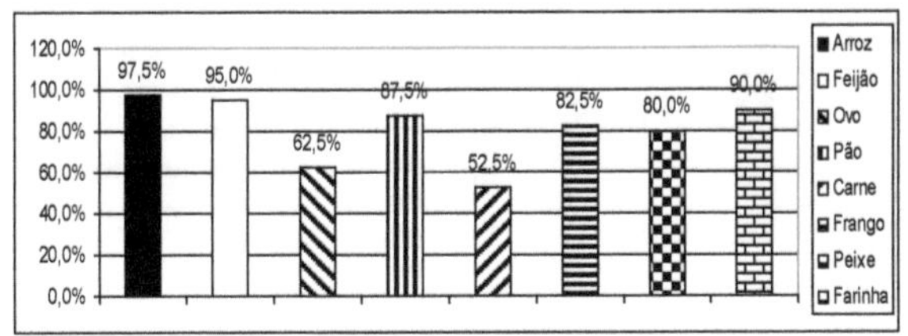

Figura 31 - Dieta dos moradores entrevistados, bairro Grande Vitória, na cidade de Manaus em 2003.

- **Segurança**

A delegacia existente no bairro Grande Vitória é recém construída e está adaptada com viaturas e corpo policial. Apesar da maioria dos entrevistados (60%) ter conhecimento da existência de uma delegacia, 40% afirmaram o contrário (Figura 32). Essa população fala da falta de segurança apesar das viaturas circularem o bairro.

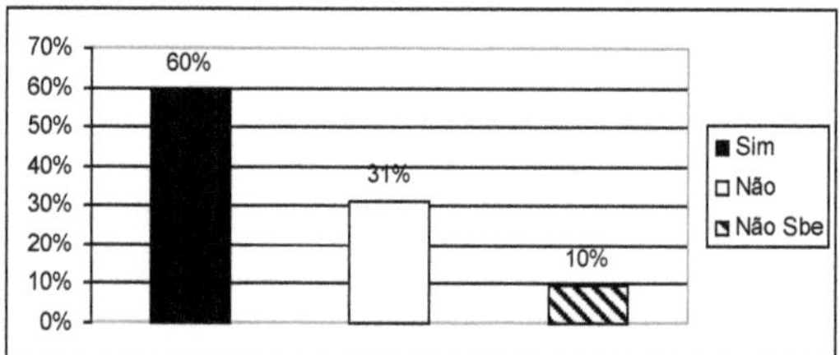

Figura 32 - Conhecimento dos entrevistados sobre a existência de uma delegacia no bairro Grande Vitória, na cidade de Manaus em 2003.

Os entrevistados, em sua maioria ao serem indagados se "passaram por situação de riscos ou se sofreram algum tipo de violência" informaram que não passaram (62%), mas, conhecem pessoas que sofrearam algum tipo de violência. Outros disseram ter sido vítimas de ataque por galeras(44%), por assaltos (31%), e tentativa de assassinato e eletrocultamento (13%) conforme ilustram as Figuras 33 e 34.

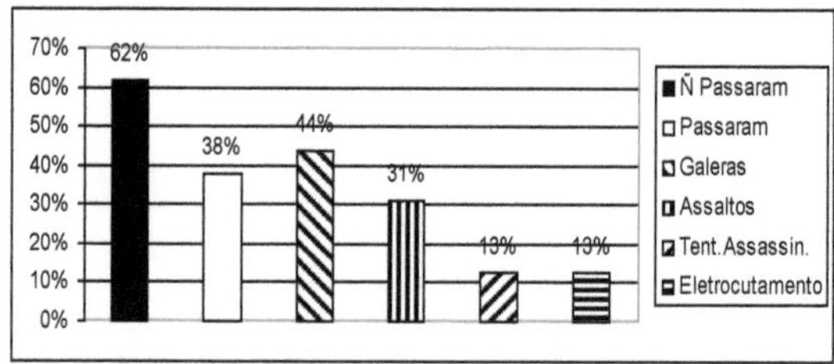

Figura 33 - Entrevistados (porcentagem) que passaram ou não por situação de risco no bairro Grande Vitória, na cidade de Manaus em 2003.

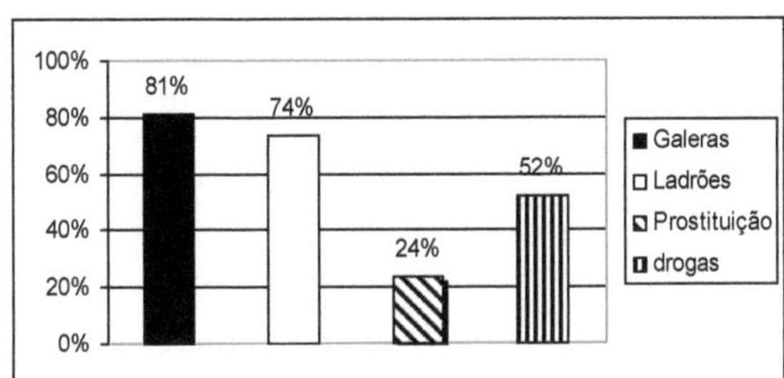

Figura 34 - Situações de violência freqüente segundo as informações dos entrevistados na Grande Vitória em 2003.

Os entrevistados consideraram a segurança na Grande Vitória ruim, nada eficiente (Figura 35). Entretanto, outros consideraram razoáveis (33%) e apenas 14% boa, sendo a violência a principal preocupação dessa população.

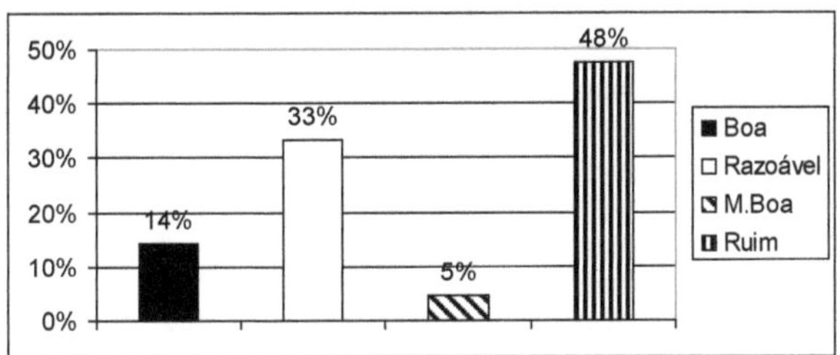

Figura 35 - Percepção de Segurança, bairro Grande Vitória, na cidade de Manaus em 2003.

Quando indagados acerca dos malefícios de estar vivendo na Grande Vitória citaram a má distribuição dos serviços básicos (água, energia elétrica e telefone. Ausência de saneamento básico, serviço público de saúde (SUS) em alguns pontos do bairro também foram apontadas. A violência foi citada por 17% dos entrevistados (Figura 36).

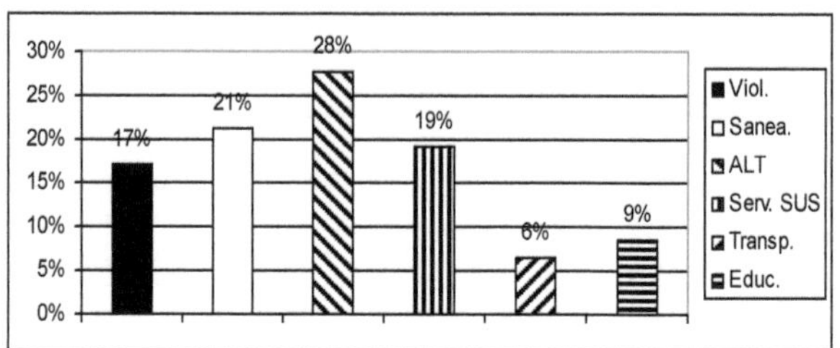

Figura 36 - Malefício apontados pelos entrevistado na Grande Vitória, em 2003. ALT= Água- Luz –Telefone

- **Transporte**

O meio de transporte mais utilizado na Grande Vitória (Figura 37) é o ônibus (70%). As kombis lotação é o segundo meio de transporte mais procurado pela população entrevistada (28%), pois passam com freqüência por este local.

Embora ocorre uma maior procura pelo transporte coletivo no ônibus, esses não são suficientes para atender a demanda. A demora na espera da condução coletiva e, o excesso de pessoas é também constatado em outros pontos da cidade de Manaus.

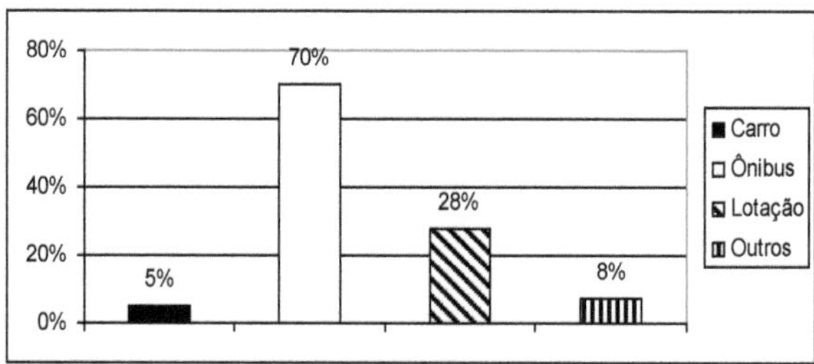

Figura 37 -Transporte Utilizado pela população entrevistada na Grande Vitória em 2003.

- **Saúde dos moradores**

Em média de 38% dos entrevistados (Figura 38) apontaram a dengue e a malária como sendo as doenças mais comuns da localidade e 23% apontaram a gripe. O especialista mais procurado é o clínico geral, seguido do pediatra. Esse fato é constante, onde a pobreza e a miséria são mais evidentes, mas a percepção de *causa mortis* por doenças (Figura 39), representa apenas 2,5% segunda a opinião dos entrevistados.

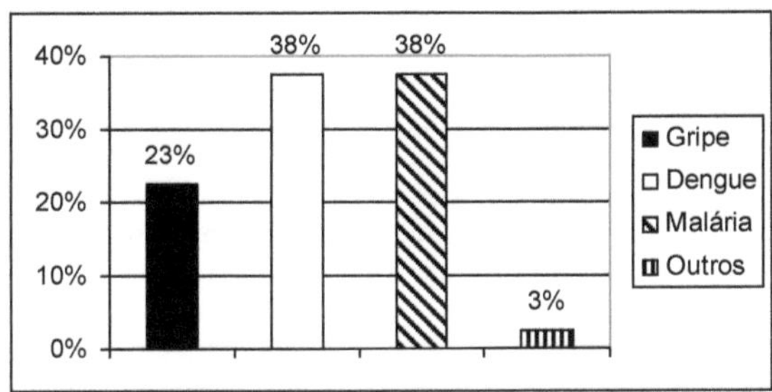

Figura 38 – Doenças comuns segundo os entrevistados, no bairro Grande Vitória, na cidade de Manaus em 2003.

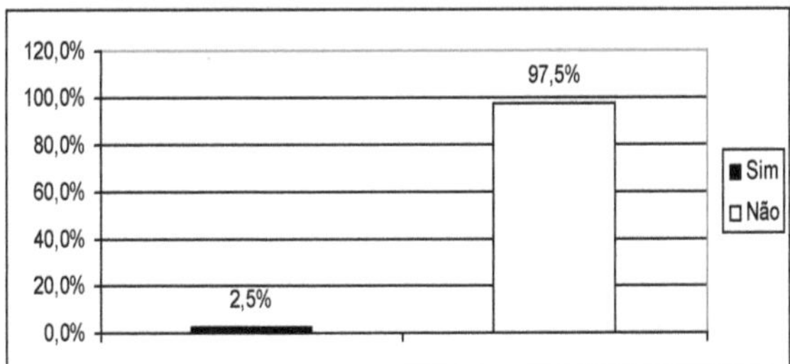

Figura 39 - Conhecimento da população sobre as causas das mortes na Grande Vitória em 2003.

Ao serem questionados se conheciam a "existência de um Posto do Sistema Único de Saúde", 57,5% afirmaram positivamente e 42,5% negativamente (Figura 40). Na Grande Vitória não existe posto de saúde, todavia existe uma casa do programa "Médico da Família", da prefeitura de Manaus.

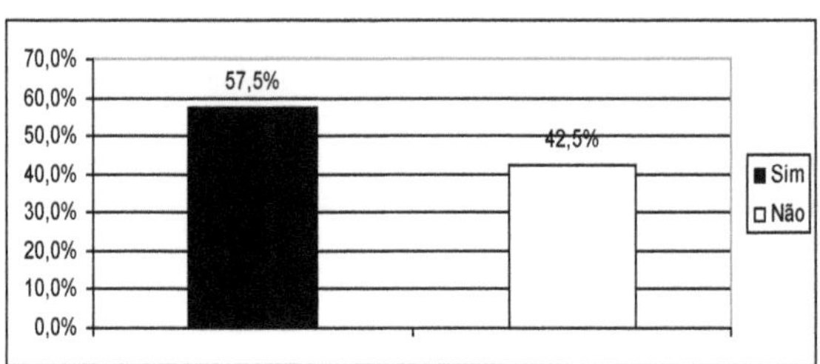

Figura 40 – Respostas dos moradores em relação à existência do Posto do Sistema Único de Saúde, bairro Grande Vitória, na cidade de Manaus em 2003.

Quando indagados sobre os remédios mais usados relataram em primeiro lugar a Dipirona (42%), anti-inflamatório (24,4%), medicamentos para gripe entre outros medicamentos (Figura 41). O uso de "Dipirona" pela minoria da população entrevistada reflete o histórico de dengue, pois é uma das poucas medicações usadas no tratamento da dengue. Uma outra alternativa é a "medicina alternativa", 60% dos entrevistados apontam os remédios caseiros como uma medicação mais comum para a população da Grande Vitória (Figura 42).

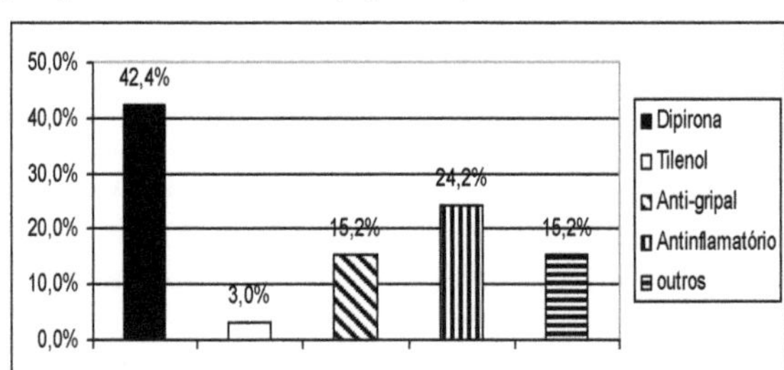

Figura 41 - Remédios Farmacêuticos mais usados, bairro Grande Vitória, na cidade de Manaus em 2003.

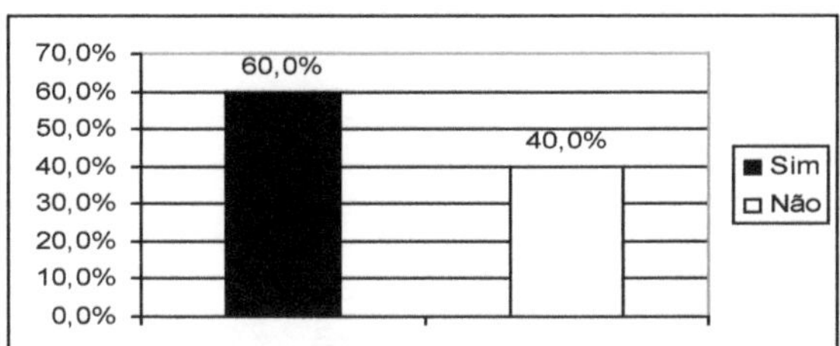

Figura 42 - Utilização de Remédios Caseiros, bairro Grande Vitória, na cidade de Manaus em 2003.

A qualidade dos serviços oferecidos nos locais de atendimento à saúde (Figura 43) segundo os entrevistados é razoável, já que a "casinha de saúde" não atende todas as necessidades da população; 43,8% indicaram que o serviço oferecido é ruim, 37,5% falaram que é razoável e 18,8% falaram que é bom. As reclamações registradas foram: falta de atenção dos funcionários e falta de médicos.

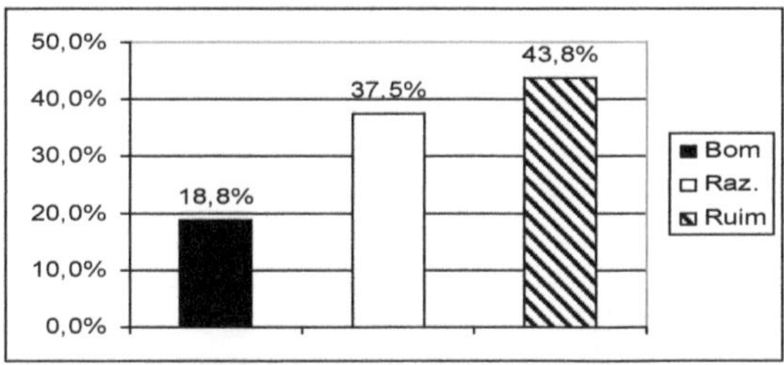

Figura 43 - Atendimento do Posto de Saúde, bairro Grande Vitória, na cidade de Manaus em 2003.

- **Grau de escolaridade**

A maioria dos entrevistados (69,2%) não concluiu o ensino médio fundamental e menos de 50% completaram seus estudos conforme ilustra a Figura 44A. Ao analisar o nível da escolaridade dessa população, constata-se que 60% teve a chance de chegar até o nível do ensino fundamental (antigo 1º grau), 35% no ensino médio (antigo 2º grau) e 2,5% para o Ensino Superior e o analfabetismo (Figura 44B. Esse último é um indicativo de que a população tem procurado se qualificar, principalmente considerando o mercado de trabalho.

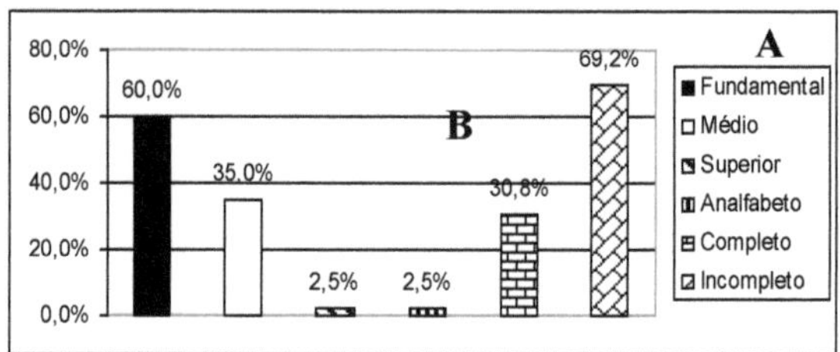

Figura 44 - Grau de escolaridade da população entrevistada. A: completo e incompleto; B: classificação escolar bairro na Grande Vitória em 2003.

Os entrevistados consideraram "boa" a qualidade de ensino (Figura 45), apesar de não existir escolas suficientes para atender a demanda. Neste bairro há apenas uma escola que funciona de primeira a quarta série. Para cursos outras séries a população necessita deslocar para bairros mais próximos (como São José) e ou se deslocarem até o centro da cidade.

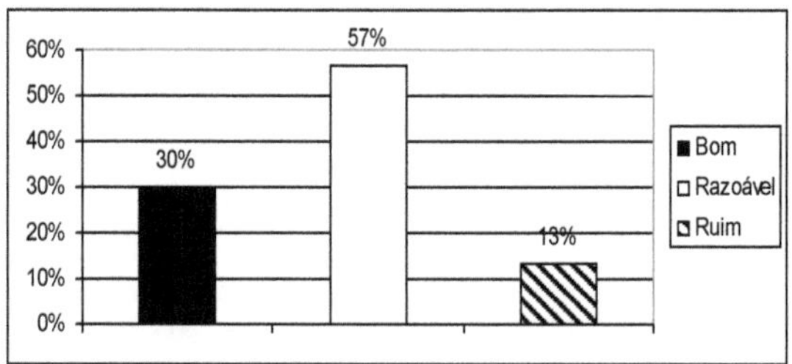

Figura 45 - Qualidade do ensino segundo a opinião dos entrevistados da Grande Vitória em 2003.

Verificou-se pelas respostas dos entrevistados que o número de escolas (Figura 46) não é suficiente. Isso levou cerca de 86% dessa população a sentirem-se insatisfeitos com a quantidade de estabelecimento de ensino.

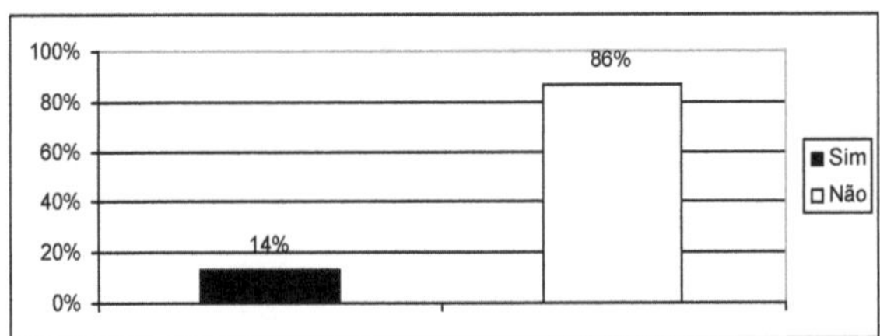

Figura 46 – Respostas dos entrevistado quanto a suficiência do número Escolas existentes na Grande Vitória em 2003.

Segundo os entrevistados, suas crianças freqüentam a escola (Figura 47). Entretanto, para 14%, seus filhos estavam em atraso na escolaridade e outros, 21%, além de estarem atrasadas não estavam freqüentando as aulas, e apenas 14% das crianças estavam seguindo o tempo correto na proporção da idade com a respectiva série.

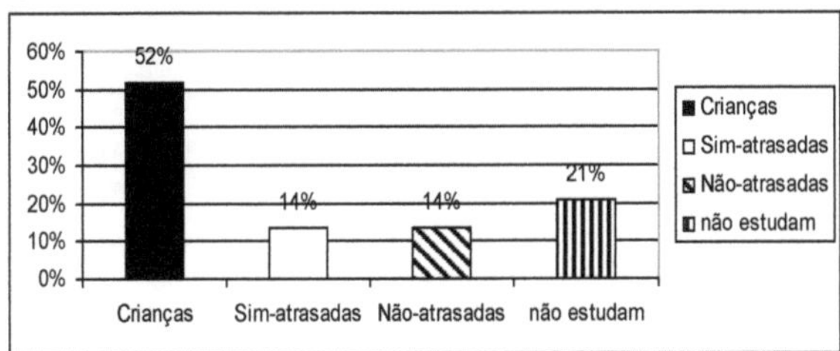

Figura 47- Frequência das crianças nas escolas na Grande Vitória em 2003.

- **Dados econômicos dos moradores**

Apesar dos problemas financeiros da população entrevistada, a maioria (58%) ganha acima de um salário mínimo, 20% abaixo de um salário, 18% com apenas um salário e 5% não tem nenhuma renda (Figura 48).

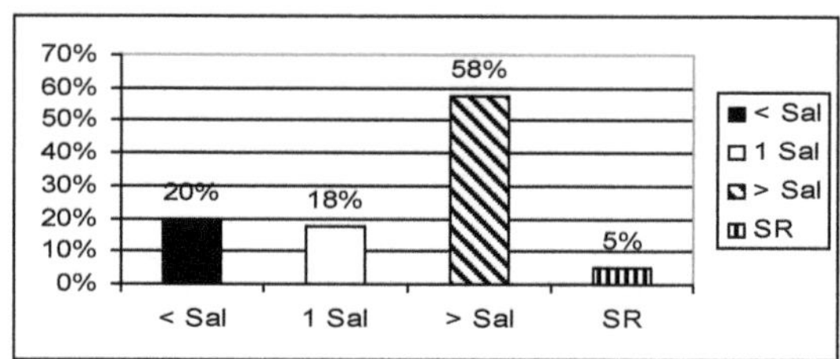

Figura 48 – Renda média dos entrevistados na Grande Vitória em 2003.

Com base nos dados obtidos (Figura 49) pode-se afirmar que 37% são profissionais liberais, como por exemplo, seguranças, pedreiros e carpinteiros. Também existem os autônomos donos do próprio negócio como camelôs[12], vendedores e representantes etc, por outro lado, há também os desempregados.

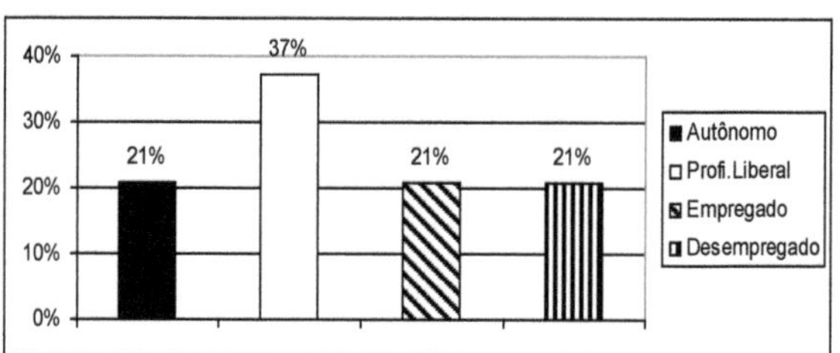

Figura 49 - Profissão dos entrevistados na Grande Vitória em 2003.

- **Meio Ambiente**

No tocante à temática ambiental, foi constatado na população estudada que no quesito destino do lixo (Figura 50), 67% indicaram utilizar-se do serviço público de coleta. Enquanto que, 33% dão ao lixo um tratamento local, como a queima, nas próprias ruas. Ou muitas vezes, simplesmente o lixo é jogado no igarapé (Figura 51).

[12] Vendedores ambulantes, comércio informal nas ruas da cidade que se caracteriza com uma banca e o não pagamento de impostos e as vezes a venda de produtos "contrabandeados".

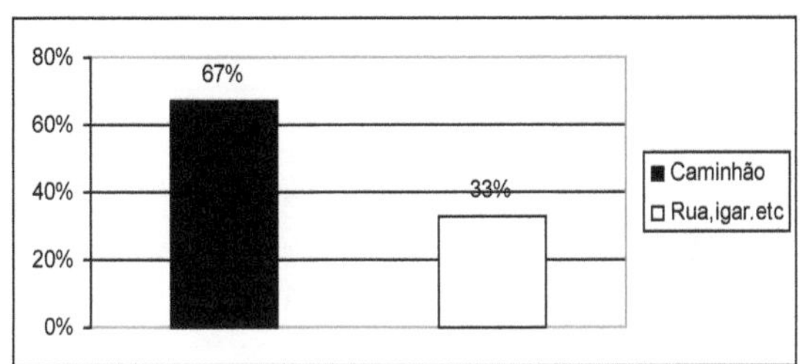

Figura 50 - Destino do Lixo, bairro Grande Vitória, na cidade de Manaus em 2003.

Figura 51 – Igarapé Grande Vitória, bairro Grande Vitória, em Manaus-Am Foto: Joubert Lima (A Crítica), 2002

Além do lixo foi verificado pelo testemunho dos moradores o problema do desmatamento (Figura 52 A), onde 74% afirmam que os desmatamentos ainda são constantes pois o processo de invasão ainda não terminou, quanto que 26% afirmam não haver mais desmatamento. Quanto ao conceito de desmatamento e suas conseqüências (Figura 52 B) as respostas foram agrupadas em: jurídicos (crime ambiental) com 3%, destruição da natureza com 45%, desequilíbrio ambiental 42% e, o desmatamento como responsável pelo aumento de calor na localidade num total de 10%.

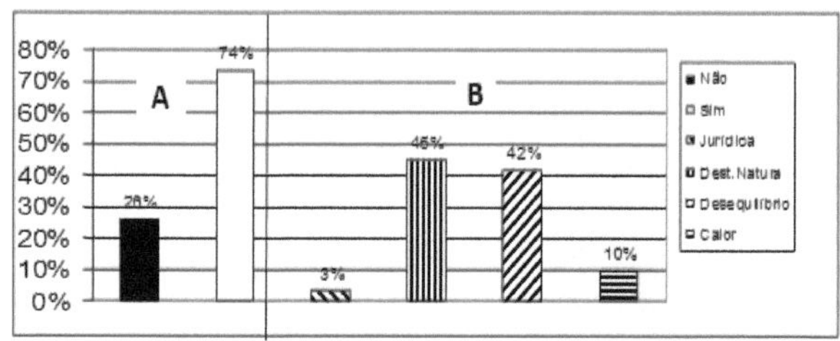

Figura 52 - Percepção populacional acerca do Desmatamento (A), e conceitos de desmatamento segundo os entrevistados (B), Grande Vitória, na cidade de Manaus em 2003.

Desses entrevistado, 60% souberam conceituar meio ambiente. Para estes (Figura 52) 21% indicaram a natureza como um todo, 19% o espaço terrestre, 10% a vida, o ar foi lembrado por 7%, e por último a água está com 2% como parte do conceito de meio ambiente, segundo a população. Apesar de grande parte da amostra ter indicado uma noção de meio ambiente, o que é preocupante são os 40% (Figura 53) que não souberam fazer nenhuma relação com o meio ambiente.

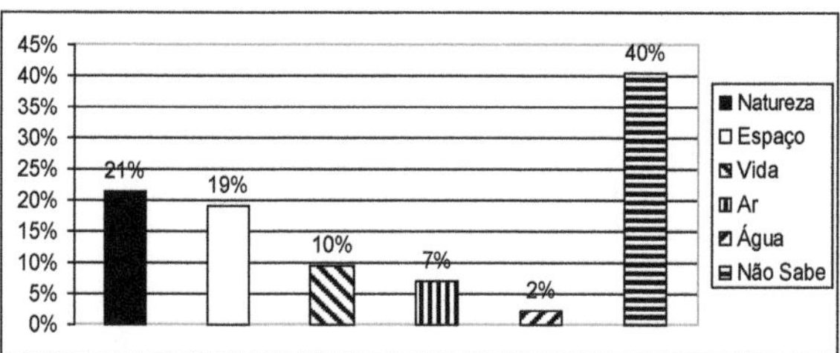

Figura 53 - Conceito de Meio Ambiente segundo os entrevistados, bairro Grande Vitória, na cidade de Manaus em 2003.

O igarapé em uma invasão é o primeiro a sofrer um impacto causado pelo assentamento humano. Na Grande Vitória não foi diferente, e mesmo no senso comum é possível observar que a maioria da população sabe que o lixo jogado no igarapé (Figura 54) traz malefícios para elas mesmas. Assim 43% dos entrevistados indicaram que o lixo causa poluição, 24% que acarreta doenças,

17% indicam o entupimento do leito do igarapé, e por fim 17% afirmam desconhecer as conseqüências ambientais .

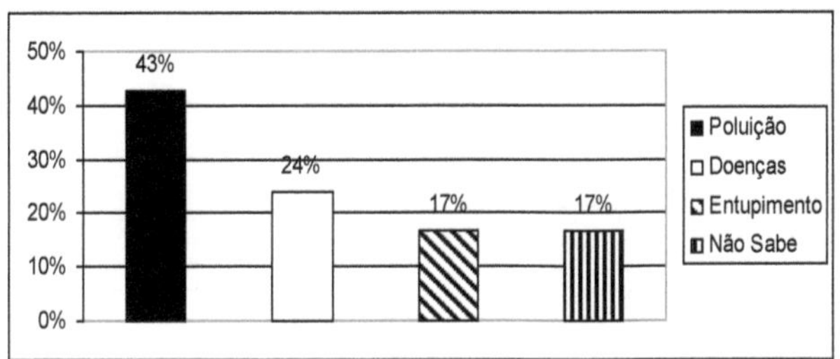

Figura 54 - Lixo no Igarapé, bairro Grande Vitória, na cidade de Manaus em 2003.

- **Faixa etária**

Nota-se que a idade da população entrevistada estava entre 16 a 60 anos (Figura 55).

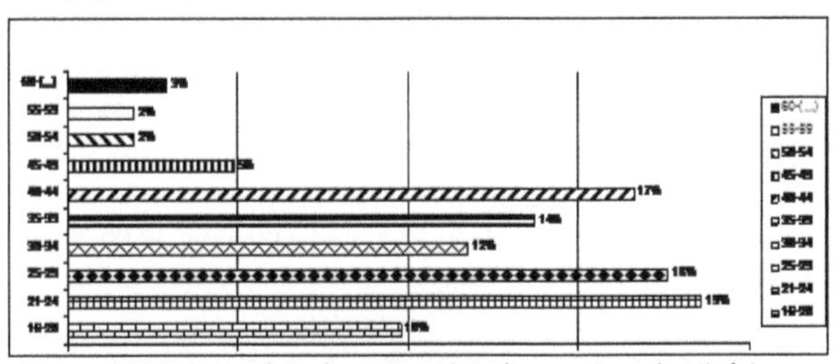

Figura 55 - Faixa etária dos entrevistados na Grande Vitória em 2003.

Desses entrevistados, 57% pertencem ao sexo feminino e 43% ao sexo masculino (Figura 56). Em trabalhos anteriores como o de Mesquita (2003) as mulheres são as que mais permaneciam em casa para preparar a comida e cuidar da educação dos filhos, enquanto que o marido, saía atrás do sustento. Essa situação representa ainda o regime patriarcal na região.

As mulheres continuam sendo a maioria em permanência na residência. Os homens em decorrência do desemprego e a falta de mão de obra masculina especializada também permanecem na residência, principalmente durante o dia. Para as mulheres a opção de trabalho, ainda tem maior oferta, como diaristas e serviços domésticos com empreitas[13]. Já para os homens, a realidade é inversamente proporcional

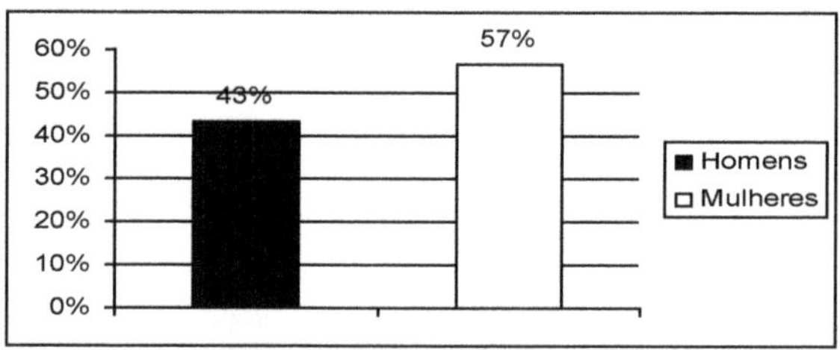

Figura 56 – Proporção dos entrevistados segundo o sexo na Grande Vitória em 2003.

- **Especulação Imobiliária**

Quando indagados se eles participaram do processo de invasão da Grande Vitória, sendo os primeiros moradores no local, 62% afirmaram que não, e 38% informaram que sim (Figura 57). Essa informação é um forte indicativo da especulação imobiliária. Após a consolidação os primeiros moradores vendem seus lotes, ou barracos ou trocam por objetos. Essa população, que em seus discursos, relatam a necessidade de moradia ou livrar-se do aluguel, contudo na prática a especulação imobiliária, o que a imprensa chama de "indústria da Invasão" é o que fala mais alto.

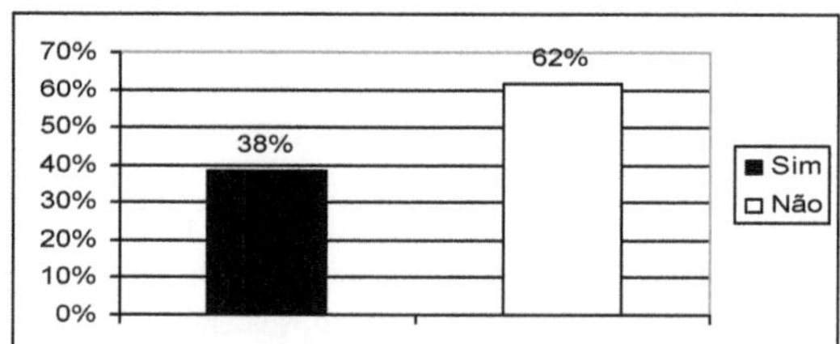

Figura 57 – Número de entrevistados que participaram e foram os primeiros moradores da invasão Grande Vitória.

[13] Empreitas Domésticas são comuns em Manaus, mesmo com a obrigação legal da assinatura da Carteira de Trabalho e Previdência Social, verifica-se informalmente a desistência desse direito com a finalidade de facilitar a contratação.

Na época da invasão, um terreno era repassado por valor aproximado de R$ 100,00 (cem reais). Com as melhorias realizadas pela administração pública, como por exemplo a introdução de linhas de ônibus, asfalto, energia elétrica, água, luz, telefone, houve uma supervalorização levando o imóvel a um valor de R$ 5.000 (cinco mil reais). Trata-se de um grande investimento, e até com maior rentabilidade, pois em menos de sete anos houve uma valorização de mais de 5.000% ao ano.

Em média, o valor de mercado na especulação imobiliária o preço do imóvel está por volta de R$ 3.854,29 e o aluguel R$ 120,17 (Tabela 5). Constatou-se *in locu* que ainda existem a modalidade de cambio imobiliário, ou seja, troca de casas por outra casa, por terreno, por carro, e por mulher[14].

TABELA 5 - Valores (média) imobiliários apontados pelos moradores da Grande Vitória

Modalidade	Somatório	Freqüência	Média
Venda	R$ 134.900	35	R$ 3.854,29
Aluguel	R$ 3.485	29	R$ 120,17

Quando analisou-se a percepção dos moradores acerca dos valores dos imóveis nessa localidade (Tabela 6), verifica-se um preço mínimo de venda no valor de R$ 250,00 (duzentos e cinqüenta reais) tipo embrião (1 cômodo), e o preço máximo 5.000 (cinco mil reais) para um casa com: 1 quarto, 1 sala, 1 cozinha e 1 banheiro. Em média um imóvel na Grande Vitória, pode ser conseguido por R$ 2.137,50(dois mil, cento e trinta e sete reais e cinqüenta centavos)[15] considera uma casa razoável para moradia.

TABELA 6- Preços mínimo, máximo, médio de imóveis (residências) de acordo com os entrevistados na Grande Vitória em 2003.

Itens	Valores
Preço Mínimo	R$ 250,00
Preço Máximo	R$ 5.000,00
Preço Médio	R$ 2.137,50

- valores em 2002

[14] Em uma entrevista, observou-se um caso atípico, uma casa serviu de "dote" . E a mulher nada opinou no câmbio.

[15] Segundo os moradores e no período de aplicação dos questionários em 2003.

A motivação dos entrevistados em residir no bairro é a casa própria (Figura 58), 30% alegam diversos motivos dentre eles "fuga de aluguel, tranqüilidade, estar perto da natureza" e 8% relatam que guarda o imóvel para uso futuro, garantindo a posse do terreno. Outros moradores informaram que foram "convidados" para morar, com a finalidade de consolidação da invasão.

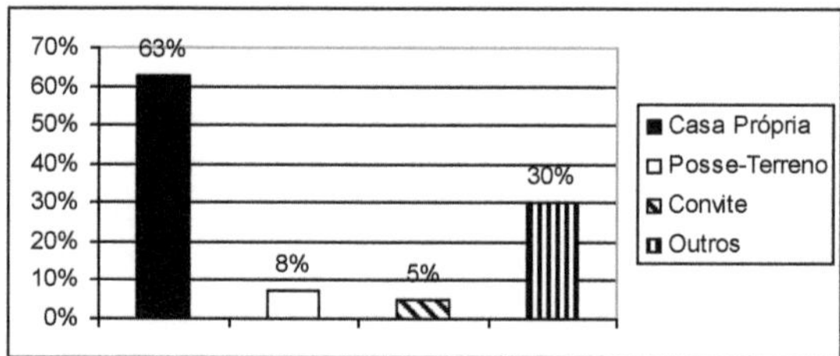

Figura 58 - Motivo de morar no bairro Grande Vitória, na cidade de Manaus m 2003.

Quando indagados acerca da venda de imóveis na Grande, 60% dos entrevistados relatam que conhecem imóveis para serem vendidos. Apesar da motivação em morar na Grande Vitória local, estão dispostos a vender suas moradias.

A questão da moradia em Manaus vem sendo a bandeira das invasões de uma tal maneira que o lema desses movimentos é a necessidade de moradia. Com a Grande Vitória não foi diferente, hoje caracteristicamente é enquadrada numa forma de transição de invasão para bairro.

- **CONSIDERAÇÕES FINAIS**

Grande parte do desafio da sustentabilidade urbana reside, na capacidade de se tratar às cidades em sua especificidade e em toda a sua complexidade. Com uma abordagem que dê conta de suas várias dimensões e as orientes para um desenvolvimento e que possa permitir a superação dos desequilíbrios resultantes dessas trocas desiguais, sejam elas internas ou externas.

As invasões de terras em Manaus causam desequilíbrio social e ambiental, e a Grande Vitória é um exemplo disso, pois a bandeira da moradia própria foi erguida e justificou a derrubada de diversos hectares. Tal comportamento fica claro a atuação da "indústria da invasão" que não está nenhum um pouco interessada na população que realmente necessita de moradia, fica evidente pois a maioria das pessoas vendem seus lotes e partem para uma próxima invasão.

No tocante à cidade de Manaus, esta apresenta em seu espaço urbano as situações específicas que marcaram seu crescimento ao longo dos anos. Esses foram realizados dentro de um contexto onde se verificou a inexistência de mecanismos de planejamento eficientes e eficazes. Como resultado os impactos gerados no acelerado processo de urbanização, iniciado no período áureo da borracha e culminando com a implantação da Zona Franca, transformou de maneira considerável seu ambiente.

Nota-se a ausência de instrumentos efetivos de gestão urbana e ambiental em Manaus. Isso reflete na qualidade de vida da população. A visão que se tem é que a população residente na periferia cada vez mais se distancia dos padrões mínimos de qualidade de vida alcançadas por outros moradores de bairros mais estruturados (saneamento, energia, educação, saúde e transporte).

A precariedade registrada nas áreas periféricas mostrou que os serviços de infra-estrutura básica não são suficientes para o atendimento da demanda populacional que se instalou na cidade. O agravante desta situação são os problemas de ordem ambiental verificada na falta de saneamento básico, acumulação de lixo principalmente em terrenos baldios e igarapés (os quais alguns desaparecem devido ao acumulo exagerado de poluição).

Na Grande Vitória as interrupções de energia já foram freqüentes, quando ocorrem chuvas com ventos fortes ficam até uma semana sem esse fornecimento. A população da Grande Vitória mostrou-se consciente tomando atitudes corretas ao solicitar à correta distribuição de energia, devido aos transtornos do uso ilegal.

No serviço de segurança, embora ocorra aumento no número de delegacias e de policiais na cidade de Manaus, o êxodo também é marcante. Isso conseqüentemente influência no aumento da violência. No transporte público o sistema atual ainda não atende a demanda da população da Grande Vitória; muitos locais possuem apenas uma única linha de ônibus, causando transtornos e espera prolongada nas paradas. Uma das soluções proposta pela prefeitura foi a implantação do corredor de ônibus que faz a interligação entre terminais.

Quanto ao processo de urbanização faz-se necessário estabelecer um planejamento fundamentado nas questões sociais, educacionais e ambientais. Nos últimos dois anos o Plano Diretor da cidade de Manaus foi reformulado, espera-se que por meio deste haja um melhor acompanhamento no processo de ocupação. E que os elementos sejam analisados de forma interdependente, e abrangente a fim de alcançar o idealizado e preconizado Desenvolvimento Sustentável Urbano.

Com o intuito de oferecer um desenvolvimento sustentável, as políticas públicas para serem efetivas precisam da participação da população, porque para haver uma gestão urbana realmente disposta a promover a qualidade de vida, deve atentar para o fato de que a comunidade deve interagir neste desafio complexo de manter o equilíbrio de seu ambiente, o que não ocorre em Manaus, devido ineficiência de controle das invasões e terras e a migração interna.

As sociedades humanas têm uma responsabilidade fundamental na dinâmica dos problemas ambientais principalmente aqueles que geram impactos direto na qualidade de vida.

Além das sociedades serem responsáveis por grande parte da degradação ambiental, elas compartilham dos grandes problemas ambientais havendo uma necessidade comum de se elaborar uma regulamentação coletiva de uso do ambiente urbano. As cidades, para elevar o nível de qualidade de vida, precisam fugir da racionalidade do mercado, mesmo que de forma não explícita, para se encaminhar a uma racionalidade baseada na produtividade social. Na maioria das grandes cidades ainda prevalece a lógica do lucro mercantil e a especulação imobiliária governa o rumo das cidades, modificando qualquer planejamento e boa vontade dos administradores dos centros urbanos. Não obstante, em algumas cidades já perceberam que é impossível planejar sem um rígido controle sobre o uso do solo urbano, o que constitui uma das principais causas da especulação imobiliária.

O passo primordial é fazer com que a população se conscientize, educando-se ambientalmente, de que não há funcionamento de forma independente e que a natureza não é um conjunto de fatos isolados, mesmo dentro do ecossistema caracteristicamente urbano. É preciso compreender a relação homem-natureza para que apareçam formas sustentáveis de convívio.

Deve haver a necessidade de maior comprometimento dos poderes públicos em implementar medidas que beneficiem toda a população e que o crescimento da qualidade de vida seja realizada de forma eqüitativa.

Neste sentido ressalta-se a importância da organização dos moradores na busca pelo direito a cidade no seu sentido mais amplo. É necessário resgatar o verdadeiro sentido da cidadania. É mister considerar que atitudes alheias aos problemas que se manifestam no contexto urbano, sem uma atuação plena e contínua do cidadão, implicam, em quadros de degradação sócio-ambiental-cultural.

Portanto, cabe uma ação conjunta entre o poder público e a sociedade como um todo no circuito de dificultar a destruição das áreas verdes em Manaus. A necessidade de moradia foi apresentada no caso da Grande Vitória, mas a realidade mostrou que a aquisição de terreno, na sua maioria, não passou de especulação imobiliária. Isso provavelmente não diferencia das demais invasões na cidade de Manaus.

BIBLIOGRAFIA

- A Crítica. **Uma cidade movida pelas invasões**. Jornal diário. 22 de Outubro de 2001.
- ALMEIDA, A. Ecologia: Qualidade de Vida. SESC. São Paulo,1993.
- BARDET, G. **O Urbanismo**. Campinas, SP: Papirus, 1990.
- BATISTA, I.H. **Urbanização e Ambiente**: Análise de Indicadores da Qualidade de Vida na Cidade de Parintins – AM. 2000. 170f. Dissertação (Mestrado em Ciências do Ambiente e Sustentabilidade na Amazônia) – Centro de Ciência do Ambiente, Universidade Federal do Amazonas, Manaus.
- BECKER, B.K. **Cenários de curto prazo para o desenvolvimento da Amazônia**. Cadernos PPUR. [S.l], v.14, n.1, p.53-85, 2000.
- BENEVIDES, I. **Viagem pelos caminhos do coração. Uma abordagem em verso e prosa sobre as possibilidades e limites do Programa de Saúde da Família**. In Eymard Vasconcelos (org.): A saúde nas palavras e nos gestos. Reflexões da rede de educação popular em saúde. Capítulo 7. São Paulo: Hucitec.2001.
- BRANCO, S.M. **Energia e Meio Ambiente.** 13 ed. São Paulo: Moderna, 1990 (Coleção Polêmica)
- BRAGA,B. **Saneamento, Enchentes e a Gestão Urbana da Água**. Disponível em:

  <http://www.ana.gov.br/noticias/artigos/saneamento;htm>. Acesso em: 23 out. 2002.
- CARLOS, A.F. **A (re)produção do Espaço Urbano**. São Paulo: Universidade de São Paulo, 1994.
- CASTELLS, M. **A Sociedade em Rede**. 5ª Edição, Editora Paz e Terra: São Paulo, 2001.

- CAUFIELD, C. ***A Destruição das Florestas: uma ameaça para o mundo***. Tradução: Sophie Penberthy Vinga. Publicações Europa-América: Portugal, 2002
- CEPAL - División de Dessarollo Social. **Modelos de desarrollo, papel del Estado y políticas sociales: nuevas tendencias en América Latina.**1995.
- CIA_ American Central Intelligence Agency, **The World Fact Book.** Disponível em: <http://www.cia.gov>, acessado em: 02. Jul. 2002.
- COIMBRA, J. A. **O outro lado do meio ambiente**. São Paulo: CESTB/ACETESV, 1985.
- CORRÊA, R. L.**O espaço urbano**. São Paulo: Ática, 1990.
- DIAS, G.F. **Educação ambiental: princípios e práticas**. 5. ed. São Paulo: Gaia,, 1998
- DIEGUES, A. C.**Conservação e Desenvolvimento Sustentado de Ecossistemas Litorâneos no Brasil**. Programa de Pesquisa e Conservação de Áreas Úmidas no Brasil. IOUSP/F.FORD/UICN. 1987.
- DERANI, C. **Direito Ambiental Econômico**. Editora Max Limonad. São Paulo,1997
- DORST, Jean. **Antes que a Natureza Morra: Por uma Ecologia Política**. Tradução de Rita Buongermino. São Paulo: Edgard Blücher, 1973
- FEARNSIDE, P.M. **Serviços Ambientais Como Estratégia para o Desenvolvimento Sustentável na Amazônia Rural**. In: CAVALCANTI, C. Meio Ambiente, Desenvolvimento Sustentável e Políticas Públicas. Cortez Editora: São Paulo, 1997
- FRANÇA, V.R. **Instituição da Propriedade e sua Função Social.***In:* Revista da Escola Superior de Magistratura do Estado de Pernambuco. Vol. 2. Nº 6. Recife: ESMAPE, outubro/dezembro de 1997(b).

- FREITAS, M.T. **Pintadas: Gestão Social em um Modelo Democrático-Participativo**. Salvador, Trabalho da Disciplina Política e Gestão Social do NPGA/EAUFBA, 1999.
- FRICKMANN ,Y . **Perdas e serviços ambientais do recurso água para uso doméstico**. *Rio de Janeiro: IPEA,* Pesquisa e Planejamento Econômico*, vol.24, n.1, pp.35-72,1994..*
- FURTADO, F. **Cidades Sustentáveis**. Disponível. Diegues em: <http://www.ceci-br.or/textos/fátima2.doc>.Acesso em: 22 fev. 2002.
- GALVÃO, M.D.; NASCIMENTO, I.V.CUNHA,G.S. **História do Internamento Psiquiátrico na Cidade de Manaus**. Trabalho Publicado na Revista da Universidade Federal do Amazonas. n6/7. n.1-2 - Jan/Dez 1997/1998, 2000.
- GIDDENS, As Consequencias da modernidade. São Paulo: Editora da Universidade Estadual Paulista, 1991.
- GIL, A.C. **Métodos e Técnicas de Pesquisas Sociais**. São Paulo: Atlas, 1991.
- GIST, A. **A Cidade e o Homem**. Editora São Paulo, 1967
- GOLDSMITH, W.W.Urban Environmental Problems Of Developing Countries: The beginning of the new centrury. ISPN. Brasil:n.2,1993.
- GOULAT, R.F. **Contribuição ao Estudo da Evolução Urbana do Brasil**, 1968.p.235, In: Proposição de uma Política de Desenvolvimento Urbano Regional - SEPLAN/CODEAMA, 1980.
- GREENWOOD, E. **Metodologia de la Investigación Social**. Buenos Aires: Paidas, 1973
- GRUN, J.P. **Ética e Educação ambiental: a conexão necessária**. São apulo: Papirus 1996 (Coleção Magist[erio: Formação e Trabalho pedagógico)
- HEGEMBERG, L. **Doença: Um Estudo Filosófico.** Rio de Janeiro: FIOCRUZ, 1998.

- HOGAN, D. **Population Growth and Distribution***: Their Relations to Development and the Environment* - United Nations.1992
- HOFFMAN, R.**Desigualdades e pobreza no Brasil no Período de 1979-90**. In: FGV/RJ. Revista Brasileira de Economia, vol.49 n.2, Abr/Jun/1995.
- *HOLANDA, S.B.* ***Raízes do Brasil****. Coleção Documentos Brasileiros. Rio de Janeiro: J.O Editora, 1987.*
- HUBERMAN, LEO. História da Riqueza do Homem.LTC, São Paulo, 1986
- IBAM. **Cidades Sustentáveis**. Disponível em: <http://www.ibam.org.br/parceria21/ cidsus21.htm>. Acesso em 28 ago. 2002.
- IBGE, Instituto Nacional de Geografia e Estatística. **CENSO 2000**. Disponível em <www.ibge.org.br> acesso em 28 Dez.2003.
- JONH, L. **Cidades devastam a floresta**. Disponível em: <http://www.estadao.com.br /ext/magazine/mapa17/lapouge2.htm>. Acesso em: 3 de out 2001.
- KITAMURA, P.C. A Amazônia e o Desenvolvimento Sustentável. Brasília: EMBRAPA -SPI, 1994
- LOBO. D. A.**Expansão Urbana do Sudeste Brasileiro**. Editora Estigma: São Paulo,2002.
- LOUREIRO, A.J.S & HERRAN, J. Manaós. Manaus: Polo Industrial de Manaus – Videolar S. A. 2001. 1 CD .(edição aniversário).
- __________, **Síntese da História do Amazonas**. Manaus: Imprensa Oficial, 1978.
- MARTINS,O. P.J. **Uma cidade ecologicamente correta**. Goiânia: A. B. editores, 1996.
- MASLOW, A. H. **Uma teoria da motivação humana**. In: BALCÃO, Y.; ORDEIRO,L. L. (org.). *O comportamento humano* (pp. 337-366). Rio de Janeiro:FGV,1975.

- MELLO, M.L.; MOURA, H.A. **Migrações para Manaus**. Recife: Fundação Joaquim Nambuco, 1990. 327p.
- MIRANDA, L.C. Guia Sentimental de Manaus. 4.ed.[s.l],1974.
- MMA, **Gestão dos recursos dos naturais: subsídios a elaboração da agenda 21 brasileira**. M. do C. L. & MUNHOZ T.M.T. (coord.). Ministério do meio ambiente; Instituo Brasileiro do Meio Ambiente e dos Recursos Naturais Renováveis; Consórcio TC/BR/FUNATURA. Brasília DF, 200p. 2000.
- MONTEIRO, M. I. **Fundação de Manaus**. 4 ed. [s.l]: Metro Cúbico, 1994.
- ________,**Modernidade e Negritude, a trajetória de Eduardo Ribeiro**. Manaus: Governo do Amazonas, 1990.
- MOURA, E.A.F. **Zona Franca de Manaus: As filhas da era eletrônica**. Belém:
- UNAMAZ/FUA/UFPA, 1993.
- NATIONAL GEOGRAPHIC BRASIL. **Georrítmo: A Ocupação desenfreado do Planeta**. Periódico, Julho de 2001.
- *NEIRA, E.* ***Metrópoles (In)sustentáveis****. Relume Dumará, Rio de Janeiro, 1997.Nova, São Paulo, 1985.*
- OLIVEIRA, J. A. & GUIDOTTI, Pe. H. **A Igreja Arma Sua Tenda na Amazônia**. Manaus: EDVA, 2000.
- ________.**Cidades na Selva**. Editora Valer: Manaus, 2000.
- PEREIRA, L. (org.). **Urbanização e Desenvolvimento**, Zahar, Rio de Janeiro, 1969
- PEREIRA, J.B. **"Racismo à brasileira"*. Estratégias políticas de combate à discriminação racial*.** Kabengele Munanga (org.). São Paulo: Edusp/Estação Ciência, 1996.
- PEROBELLI, K. **Conflito Ambiental e Luta por Moradia – o caso do depósito de lixo tóxico do Distrito Industrial de Campo Grande, município do Rio de Janeiro.** Artigo publicado pela associação Nacional de Pós-Gradução e Pesquisa em ambiente e Sociedade- ANPPAS. Disponível em :

<http://www.anppas.org.br/gt/dimensoes_socio_politicas/Katia%20Perobelli.pdf> , acesso em: 22 nov.2003.

- **Population Reference Bureau,** PopNet is a resource for population information. Here you can browse the most comprehensive directory of population-related websites available — by organization, by region and country, or by topic within countries. Disponível em < http://www.popnet.org >, em 04 nov. 2003.
- PRATES, F.M. **Desigualdade e Pobreza em Minas Gerais**. Belo Horizonte, Tese de Mestrdo, CEDEPLAR/UFMG, 1996.
- **RELATÓRIO Sobre o Desenvolvimento humano no Brasil**. Rio de Janeiro: IPEA; Brasília: PNUD, 1996.
- RIBEIRO, A.C.T. **Concepções de Desenvolvimento: pobreza urbana, Cultura e oportunidades para a superação da exclusão**. Mimeo. Rio de Janeiro, 1996.
- RODRIGUES, Sérgio de Almeida. **Destruição e Equilíbrio: O Homem e o Ambiente no Espaço e no Tempo**. Editora Atual: São Paulo, 1989.
- ROLNIK, R. **A Cidade e a Lei**. São Paulo: Studio Nobel.1999
- SANTOS, M. **A natureza do Espaço**. 2.ed.São Paulo: Hucitec, 1997.
- __________ **A Urbanização Brasileira**. 3.ed. [São Paulo]: Hucitec, 1999
- **__________ Metamorfoses do Espaço Habitado. 5.ed. São Paulo: Hucitec, 1997b**
- **__________ T'ecnica, Espaço e Tempo. 3.ed. São Paulo: Hucitec, 1997c**
- SCHNEIDER, R.R. **Amazônia Sustentável: limitantes e oportunidades para o desenvolvimento rural.** Brasília, DF: Banco Mundial/Imazon,2000.
- SEDEMA. Secretaria Municipal de Desenvolvimento e Meio Ambiente. Relatórios Ambientais–PMM-2002.

- SILVA, J. A. **Direito Urbanístico Brasileiro**. 2.ed.São Paulo: Malheiros, 1995.
- SIQUEIRA, J. **Planejamento e Desenvolvimento em Minas**. Belo Horizonte. Armazém de Idéias: 2001. 188 p.
- TERRAZAS, W.C.M. *et al.* **Avaliação da Efetividade do Manejo Ambiental no Controle da Malária em Manaus Amazonas**. Monografia de Especialização em Saúde Pública - Fundação Oswaldo Cruz – FIOCRUZ, 2002.
- ULTRAMARI, C. **Da viabilidade de um desenvolvimento sustentável para as cidades**. *In*: Boletim de Desenvolvimento Urbano e Meio Ambiente, n.33, maio/junho 1998. Disponível em: <http://www.geocities.com/heartland/valley/5990/cidades.html> Acesso em: 28 ago. 2002.
- USP. **Cidades Européias Sustentáveis**. Disponível em: <http://www.direitoshumanos.usp.br/documentos/tratados/cupula_onu/declaracao-de-estocolmo.html>. Acesso em: 29 ago. 2002.
- *VERGARA, S.C. **Projetos e Relatórios de Pesquisa em Administração**. 3ª Edição, Editora Atlas: São Paulo, 2000.*
- WACKERNAGEL, M. *et al.* **Our Ecological Footprint: Reducing Human Impact on the Earth**. New Society Publishers: Canada, 1996.

ANEXOS

MESTRADO EM CIÊNCIAS DO AMBIENTE E SUSTENTABILIDADE NA AMAZÔNIA

Questionário-Sócio Ambiental

Nome:____________________________________

Data:__/__/ idade____ Sexo ☐ M ☐ F

Endereço:____

Bairro: Grande Vitória

IDENTIFICAÇÃO DA FAMÍLIA

1.Quantos vivem na casa? ____ Crianças? ____

ORIGEM - Onde você nasceu?

____

2.Possui parentes em Manaus? ( )Sim ( ) Não

____

3.Há quanto tempo reside em Manaus? _______

4.Onde residia antes? _____________UF____

5.Porque veio para Manaus? ( ) estudar; ( ) trabalhar; ( ) casar; ( ) vida melhor ; ( )outros ______________________________

6.Qual a sua fonte de renda antes de morar em Manaus?_____________E agora?_____________________________

7.Qual a sua renda familiar? ( )Mais de 1(um) Salário; ( ) Menos de 1 Salário ( ) Sem renda; ( )outros valores_________

MORADIA

8.Tipo de habitação: ( )alvenaria ( )madeira ( )barro ( )palha ( )outros

Condição de ocupação ( )própria ( )alugada ( )ocupada ( )cedida ( )posse ( )amigos

( ) parentes Quantos cômodos possui a casa?______Nº de banheiros____

9.Você é o 1º morador neste endereço ( )sim

( ) não.

Quanto custa um terreno? Venda_____________

Aluguel______________

10. Por que você veio para o GV? ______________

11. Ainda existe pessoas invadindo aqui no GV?

( ) sim ( ) não onde:___________________( ) não sabe informar

12.O que tem de bom no GV? ________________

13.O que tem de ruim no GV? ________________

14.O que acontece quando chove no GV?

( ) inunda ( )alaga ( )curto circuito ( )outros______________________

15. Qual a quantia paga pelo lote ? __________

16. Existe alguma casa (terreno) à Venda?ou aluguel ? ( )sim ( ) não

PAPEL FEMININO

17. Quem teve a idéia de morar no GV?

( )Homem ( )mulher ( )filhos ( )outros

18. Quem trabalha para o sustento da família?

( )Homem ( )mulher ( )filhos ( )autônomos

( ) todos desempregados

19. Quem administra os gastos da casa ?

( )Homem ( )mulher ( )filhos

20. Quem gerencia a casa?

( )Homem ( )mulher ( )filhos

21. Quem passa mais tempo em casa?

( )Homem ( )mulher ( )filhos

22. Quem educa os filhos?

( )Homem ( )mulher ( )filhos

23. Quem gasta mais? ( )Homem ( )mulher

24. Quem economiza mais? ( )Homem ( )mulher

25. Possui animais de estimação? ( ) sim ( ) não

( ) gato ( )cachorros ( )pássaros ( )outros

26. Quem é o dono ( )Homem ( )mulher ( )filhos

27.Já apareceu algum animal da mata aqui?

Qual____

____

SAÚDE

28. Quais os tipos de doença mais freqüentes na sua família? ( ) Dengue; ( ) Malária ( ) outras

____

29. Nesse momento tem alguém doente em sua família? ( )sim ( )não Qual(is) doença(s) _________________________

30. Você conhece alguém, no GV, que morreu por causa dessas doenças? ( ) sim ( )não

31. Você utiliza com freqüência serviços médicos?

( )sim ( ) não

Quais?____

Onde?____

no Grande Vitória?

( ) sim ( ) não

33. Quais remédios de farmácia você utiliza?__________________________

34.Você utiliza remédios caseiros? ( ) sim ( ) não Quais?_____________________

35. Você considera o atendimento: ( ) bom ( ) razoável ( ) muito bom ( ) ruim

Obs:____
____

36. Com qual desses alimentos você utiliza com freqüência? ( ) arroz ( ) feijão ( ) ovo ( ) pão

( ) carne vermelha ( )frango ( )peixe ( )farinha ( )outros
____

INFRA-ESTRUTURA DO BAIRRO

Serviço de energia elétrica

37.*A rua possui iluminação ( )sim ( )não*

38.A sua casa possui energia elétrica ( )sim ( )não /

Qual o tipo? ( )regular

( )clandestina

39. Ocorrem racionamentos com freqüência no seu bairro? ( )sim ( )não

40. Qual a duração média destes Racionamentos?____

41. Serviço de água e esgoto :

Água ( ) poço ( ) rede ( ) outros_____________

Esgoto ( ) fossa séptica ( ) rede ( )fossa seca ( )outros__________

42.Qualidade da água consumida: *( )boa ( ) razoável ( )muito boa ( )ruim* _______

43. De onde você retira a água para consumo?
____

44. Qual o sistema de transporte que você utiliza ?

( ) carro ( ) ônibus ( ) lotação ( ) outros ____

45. Você considera o sistema de transporte coletivo:

( ) bom ( ) razoável ( ) muito bom ( ) ruim

Obs:____

EDUCAÇÃO

46. Grau de Estudo ( )E.F. ( )E.M ( ) ES ( ) Espc.

( ) MSC ( )Dr ( )completo / ( )incompleto

47.O ensino da escola no é: ( ) bom ( ) razoável ( ) muito bom ( ) ruim

Obs:____

48.O número de escolas existente no GV é suficiente ? ( ) sim ( ) não

49. Quantas Crianças estudam? __________

50. Estão atrasadas ( )sim ( ) não

51. Você sabe informar o que acontece quando derruba-se uma árvore ?( ) Sim ( ) não

____

52.O que é Meio Ambiente para você?

____

53. Tens noção com o que acontece quando se joga- lixo no igarapé?

____

54.A segurança no GV é: ( ) boa ( ) razoável ( ) muito boa ( ) ruim

55. Qual a situação de risco que mais lhe marcou no GV?____________________________

56. Existe violência no Bairro: ( ) sim ( )não

57. Quais as situações mais freqüentes na GV?

( ) galeras;( ) Ladrões; ( ) prostituição

( ) drogas ( ) outros. Obs: _________________________

58. Existe posto de segurança em seu bairro:

( ) sim ( ) não

LIXO DOMÉSTICO

59.*Aonde você joga o lixo?*

____

60. Existe coleta de lixo na sua rua? ( )sim ( )não

61. Você faz algum tratamento no lixo produzido na sua casa? ( )sim ( )não

( )queima ( ) enterra ( )outros

62. Você sabe qual o destino dado ao lixo coletado em sua casa?

( )Sim ( )não Qual? ______________________________

63. Conhece alguém que jogue lixo em áreas próximas à sua casa?

( )sim ( )não ? onde? ____________________________

DIOGO GONZAGA TORRES NETO

GRANDE VITÓRIA

Expansão urbana na cidade de Manaus de 2002 e 2003

Printed & Published by,

GRANDE VITÓRIA :
Expansão urbana na cidade de Manaus de 2002 a 2003.
DIOGO GONZAGA TORRES NETO
© Published in 2016 by Laxmi Book Publication, Solapur, Maharashtra, India.
ISBN: 978-1-329-95085-6

Este livro foi aprovado pelo corpo editorial da *Laxmi Book Publication* mediante
Editorial board in Review of Research ISSN 2249-894X Qualis capes B3 no Brasil.
Dr. Ashok Yakkaldevi	**Dr. ShrikantYelegaonkar**
Dept of Sociology A.R.BurlaWomensCollege,Solapur, India.	Associate Professor, Social College of Arts and Commerce, Solapur, India
Dr. UjjwalaSadawarte	**Dr. Mario Carrassi**
Principal, VivekVerdiniAdhyapikaMahavidyalaya,Nanded, India.	Ph.d , Associate of Business Administration(EconomiaAziendale) SECS P/07,Italy.
Dr. LudmillaSmirnova	**Dr. V.V Kulkarni**
Dept.of Education. Mount Saint Mary College New York, USA.	Associate Professor, Social Science Center Bharti Vidyapeeth, Pune.
Dr. Zhenjiang SHEN.	**Dr. TanajiKolekar**
Full Professor,Urban and Regional Planning. School of Environmental Design, Kanazawa University, Japan.	Assistant Professor in D.B.F. Dayanand College of Arts and Science, Solapur, India.

Contact No. : +91 9595 359 435 Website : http://www.isrj.org
Email ID : ayisrj@yahoo.in
General Editor: Dr. Ashok Yakkaldevi

Dados Internacionais de Catalogação na Publicação
Laxmi Book Publication AND Lulu Book Publication (USA)

TORRES NETO, Diogo Gonzaga
Grande Vitória.1ª.Edição. Solapur: Laxmi Book Publication& Lulu Press , USA. 2016.
Bibliografia.
ISBN
1. Sociedade 2. Meio Ambiente, 3. Qualidade de Vida 4. Administração
I. Livro. II. 1ª. Edição
CDU CDD

DEDICATÓRIA

À Deus em primeiro lugar, por ter me dado esta oportunidade de novamente engrandecer seu nome como membro da Igreja Adventista do Sétimo Dia.

Dedico este livro de maneira especial à minha amada esposa Lindsay Torres que me apoiou nessa longa jornada dando credibilidade, além de compreensão e carinho nas horas mais difíceis, meu eterno amor. Dedico também ao meu filho Yoseph Torres e à minha filha Hadassa Torres, presentes divinos e inspiração sem igual, alegrias de minha vida e motivo de viver.

HOMENAGENS PÓSTUMAS

Dedico esse livro em memória da professora Dra. Joana D´Arc Ribeiro, pesquisadora do Instituto Nacional de Pesquisa da Amazônia - INPA, minha orientadora do mestrado vítima de acidente aéreo.

Ao professor Dr. Aristonildo Chagas, docente e pesquisador da Universidade Federal do Amazonas - UFAM, avaliador de minha dissertação do mestrado, grande guerreiro exemplo de luta até o último minuto nessa vida.

Dois grandes profissionais e amigos que fizeram grandiosas obras em vida e influenciaram todos ao seu redor e saíram cedo de nossas vidas.

SUMÁRIO

LISTA DE TABELA

LISTA DE FIGURAS

www.ingramcontent.com/pod-product-compliance
Ingram Content Group UK Ltd.
Pitfield, Milton Keynes, MK11 3LW, UK
UKHW041923190726
13854UKWH00003B/1417

9 781329 950856